Uno de los mayores regalos c[illegible] l sexo, el cual ha sido diseñado co[illegible] a-ción de la humanidad y el di[illegible] o. Por otro lado, la sexualida[illegible] os permite desarrollarnos co[illegible] os. Sin embargo, el libertinaje [illegible] do, con el paso de los años, cambiando el plan orig[illegible] s a lo que hoy vivimos en nuestros países.

Creo profundamente que la familia y el matrimonio siguen en el corazón de Dios. No en vano sufren tantos ataques diariamente por parte de los medios de comunicación, las universidades y la sociedad en general. Para muchos, creer que el diseño perfecto es hombre y mujer es algo que está desactualizado y fuera de lo "normal"; se dice que actualmente hay muchísimos géneros y ya no dos.

Ante esta ola de ataques contra la familia, la sana sexualidad y, en especial, los niños, es necesario y urgente que los padres de familia y los líderes de las iglesias asuman su papel con responsabilidad y tomen en sus manos la hermosa labor de enseñar sin tabúes a sus hijos sobre el tema de la sexualidad. Enseñar sobre este tema ya no es una opción, es una necesidad urgente, ya que, si no lo hacen los padres de familia, alguien más lo hará y con intenciones no correctas. Cada vez, a más temprana edad, nuestros niños son expuestos a temas o entornos sexuales, por eso debemos darles las herramientas necesarias en el momento oportuno. Mañana puede ser muy tarde.

No basta con rasgarse las vestiduras y decir: "¡A mis hijos los educo yo!", hay que ir más allá y realizar una acción congruente con esa hermosa frase. No podemos seguir ignorando un tema tan valioso y urgente o peor aún dejar que las redes sociales, la internet y aquellos que buscan confundir, sean los que mal informen a los pequeños contaminando sus mentes con información llena de antivalores bíblicos. El enemigo sabe que si desvía el río de la sana sexualidad desde que están pequeños, confundirlos en otros aspectos será fácil.

Hoy se nos enseña que se tiene el derecho a escoger qué se quiere ser, cuando la evidencia científica nos demuestra que no podemos negar aquello que se nos dio desde la concepción: el género. Lamentablemente, mientras la iglesia estaba enfocada en otros temas, los impulsadores de la ideología de género estaban formando líderes con mucho conocimiento para abrir campo a los temas que hoy vemos. Es por eso, que no podemos seguir cediendo terreno o estar de brazos cruzados, es hora de ser proactivos y tomar las riendas de la educación sexual de nuestros niños.

Necesitamos despertar y empoderar a nuestros niños para que cuenten con herramientas adecuadas que les permitan no solo tener claridad en su identidad sexual, sino que cuenten con argumentos inteligentes y que les sean útiles para cuando deban defender su fe y sus valores. Si formamos niños sanos en su sexualidad, tendremos en un futuro matrimonios saludables y por ende familias fuertes que serán la base de nuestra sociedad. Es necesario que nuestros niños comprendan cómo es el amor, según lo describe 1 Corintios 13, el cual va más allá de un simple deseo sexual.

Doy gracias a Dios por inspirar en el corazón de mi amiga Laura este maravilloso libro, el cual sé que bendecirá y ayudará a muchos padres y líderes como una guía para vencer el temor de no saber cómo hablarles a sus hijos sobre sexualidad. La información es poder, por eso los padres deben buscar capacitarse para ser efectivos en su labor de educar.

Sin duda, este material hay que estudiarlo con calma y compartirlo con los niños y los jóvenes. Sigo creyendo en el propósito de Dios para con nuestras familias. Seamos valientes y esforzados, defendamos nuestra fe y asumamos con responsabilidad y seriedad nuestro papel con el fin de que seamos un faro para las futuras generaciones.

Ya no basta con decir: ¡no lo hagas, es malo! Es tiempo de despertar, instruirnos, preguntar y enseñar con amor y verdad. Sin duda, el mejor manual es la Biblia, pero sé que Dios también inspiró este material como apoyo para tener una sana educación sexual basada en sus principios, los cuales traen vida a quienes los practican.

Gracias, Laura, por regalarnos este material, el cual es una bendición y un legado a las futuras generaciones.

Es de valientes nadar contra la corriente y abordar temas que no son del agrado de muchos, pero que, como cuerpo de Cristo, necesitamos hacerlo de forma inteligente y ante todo con la sabiduría que viene del cielo.

—Stephanie Campos

Autora de los libros *El valor de la espera* y *Transformación profunda*, conferencista y *coach* profesional

Es una hermosa tarde de verano, los niños corren y juegan en el parque sonriendo y gritando de felicidad… Recuerdo con nostalgia aquellos días de juegos cuando un árbol era un castillo y la imaginación convertía una caja de cartón en un fuerte… Estas escenas son cada vez más extrañas en la llamada "era digital". Los tiempos de diversión han ido cambiando poco a poco, ahora los niños se divierten "en línea" y las consecuencias son alarmantes. Recuerdo tener mi corazón lleno de inocencia al sentarme a ver la televisión una noche siendo niño mientras mis padres trabajaban en un periodo navideño en casa y encontrarme frente a las primeras escenas de pornografía que vi en mi vida. ¡Conocí el sexo de una forma errónea! ¡El morbo y la vergüenza se metieron en mí! Cómo me costó deshacerme de esa basura que contaminó mi alma.

Me identifico con millones de niños alrededor del mundo que exploran su sexualidad de forma errónea, ¿y usted? Tiempo atrás atendí un caso donde un niño desarrolló una fuerte adicción a su teléfono celular debido a que sus padres convirtieron al móvil en la niñera personal de su hijo. Los padres, quizá cansados después de un día de trabajo, no tenían fuerzas para llegar a jugar a casa con su hijo o para pasar tiempo de calidad con él por lo que decidieron, a pesar de su corta edad, entregarle un teléfono inteligente y, así, compensar el tiempo que por el cansancio no le entregaban a su hijo. Jamás pensaron que con siete años iba a ver pornografía en el móvil que le habían obsequiado, ni tampoco imaginaron que su sobrina de cuatro años iba a ser víctima de abuso por parte de su hijo debido a que aquel niño tan solo repitió lo que aprendió de la pantalla de su móvil. La escena es dantesca… pero es real… y se repite una y otra vez con actores diferentes a lo largo y ancho de nuestros países. Lo que debe cambiar es la programación de estas mentes en desarrollo que por un descuido fueron machadas con el veneno que circula en la web.

La herramienta que usted tiene en las manos, querido lector, será un útil instrumento para evangelizar a sus propios hijos. La sana comunicación libre de complejos y problemas le empoderará para llevar a las nuevas generaciones a descubrir el diseño perfecto de la sexualidad.

Yo sé que usted quiere estar en cada momento importante de sus vidas. Qué espectacular sería si usted, tomado de las manos de sus hijos, se convierte en maestro y guardián de tan preciada posesión.

Este libro es la respuesta a las oraciones de muchos padres alrededor del mundo que han decidido acompañar, educar y formar de la manera correcta sin agregar ingredientes artificiales a las vidas de sus hijos.

Le invito a sumergirse en cada página de instrucción y conocimiento; las nuevas generaciones y el Señor se lo agradecerán.

—Miguel Lizano V.
Watts Luz Para Mi Ciudad

Este libro comprende una guía y excelente instrucción para los padres y madres de familia, consejeros, maestros y toda persona que desee ampliar sus conocimientos con relación a acompañar a otros con un sano y vital conocimiento del área sexual.

En un mundo donde se dispone de tanta información con gran facilidad, es importante poner a la mano recursos que posibiliten brindar respuestas a preguntas complejas, las cuales no se pueden dejar en manos de desconocidos o del "nuevo educador: la internet". Por el contrario, es importante reconocer que en temas tan trascendentales como lo son la sexualidad, la diversidad y el género, no solamente debemos contar con un conocimiento científico, sino integral, sabiendo que la sabiduría de Dios alcanza para el abordaje de esta y otras temáticas.

Dialogar más que huir y comunicar más que negar realidades y temas fundamentales son herramientas básicas que no se pueden tener por menos, sino dirigirlas en el marco correcto: familia, conocimiento y sabiduría de Dios. Sin duda, la inspiración de este libro nos lleva a comprender lo elemental que significa atender el tema de la sexualidad, incluyendo los valores contenidos en la Palabra de Dios con criterio y conocimiento integral, trascendiendo al marco religioso que se niega a la escucha y al diálogo.

Con toda propiedad le puedo decir que este libro nos invita a asumir el rol que nos corresponde en temas no delegables.

—M.Ps. Oscar E. López Jiménez
Psicólogo y director de Fundación PIEDAD
Costa Rica

¡A mis hijos los educo yo!

Laura Pérez Porras

CASA
CREACIÓN

La mayoría de los productos de Casa Creación están disponibles a un precio con descuento en cantidades de mayoreo para promociones de ventas, ofertas especiales, levantar fondos y atender necesidades educativas. Para más información, escriba a Casa Creación, 600 Rinehart Road, Lake Mary, Florida, 32746; o llame al teléfono (407) 333-7117 en Estados Unidos.

¡A mis hijos los educo yo! por Laura Pérez Porras
Publicado por Casa Creación
Una compañía de Charisma Media
600 Rinehart Road
Lake Mary, Florida 32746
www.casacreacion.com

Edición por: www.pica6.com (Salvador Eguiarte D.G.)
Diseño de portada por: Justin Evans
Director de Diseño: Justin Evans

Library of Congress Control Number: 2019906243
ISBN: 978-1-62999-277-8
E-Book ISBN: 978-1-62999-278-5

Impreso en los Estados Unidos de América
19 20 21 22 23 * 6 5 4 3 2 1

Al creador de TODO por usarme una vez más.

A los que vendrán: los amo desde ahora.

CONTENIDO

AGRADEZCO

A mi Dios por siempre abrir los senderos en mi camino y nunca dejar de abrazarme.

A mis papás, Johnny y Nora, por ser una luz en toda mi vida de amor, fe y enseñanzas. Y a mis hermanos, Esteban, Erick y David, por llenar mis días de felicidad y orgullo. A los cinco los amo, y agradezco cada día a Dios por nuestra familia.

PRÓLOGO

La mejor forma de instruir en el campo de la sexualidad es por medio de formar el carácter de nuestros hijos.

Los padres no hablan de sexualidad con los hijos porque sienten vergüenza, no saben qué decir, asumen que el centro educativo lo hará por ellos o creen que aprenderán solos. El problema es que, si usted como padre no lo hace, otros lo harán y probablemente no de la mejor manera. Por eso, ¡atrévase, no es tan complicado! Celebro la publicación de este libro, el cual le ayudará a tener una guía práctica para hablar del tema con sus hijos desde pequeños.

Siempre nos preguntamos, ¿cuándo será el mejor momento para comenzar? Este libro lo guiará a saber cuándo hacerlo y cómo hacerlo. De todas formas, hágalo cuando el niño pregunte. ¿Y si no pregunta? Aun así… hágalo.

Al hablar de sexualidad sea natural, inspire confianza, supere el miedo y cuando hable del tema… no diga demasiadas cosas ni mucho menos repita discursos interminables. Limítese a comentar la información que sus hijos necesiten de acuerdo con su edad.

Llame las cosas por su nombre, sin morbo ni malicia. Hable sin miedo y sea natural más que formal. Hable como quien habla con un amigo. Ellos se lo agradecerán.

Anímelos a crear su proyecto de vida. Como seres integrales, hablar de sexualidad no implica solamente hablar sobre aspectos físicos como órganos y cambios fisiológicos; debemos hablar de metas y de proyecto de vida. El hecho de que sus hijos tengan un proyecto de vida les permite enfocar mejor sus energías y estar menos dispuestos a arriesgarse con comportamientos inseguros.

Enséñeles el valor de ser una persona con criterio propio y a enfrentar la crítica. Hablar de sexualidad es ayudar al joven a desarrollar su capacidad crítica y a evaluar el contenido de la televisión, la música, la moda o las creencias de sus amigos sobre este tema. El carácter de sus hijos se fortalece cuando aprenden a decir "no" con un criterio propio, cuando se les permite ser ellos mismos en sus gustos y opiniones. Como resultado de fortalecer el carácter desde que son niños, ellos maduran y llegan a ser adultos sanos, responsables y con criterio propio.

Conquiste el corazón de sus hijos y sea amigo de sus compañeros. Conocer a los amigos lo acercará más a ellos y le proveerá la información necesaria para orientarlos con un mejor criterio.

Sea el ejemplo que sus hijos necesitan. Si usted tiene una buena autoestima, un gran amor propio y una buena autoimagen, ellos se verán inclinados a tenerlos también. Si usted se perdona por los errores del pasado, ellos también aprenderán a perdonar y a perdonarse. Si usted insulta y menosprecia la vida de los demás, ellos también lo harán. Si usted tiene una vida sexualmente responsable, ellos se sentirán inspirados a vivir de esta forma. Si usted trata con respeto y dignidad a las personas que ama, ellos también lo harán.

La mejor forma de instruir en el campo de la sexualidad es por medio de formar carácter. La educación del carácter es el esfuerzo intencional de los padres para ayudar a los jóvenes a comprender los valores fundamentales de la vida, tales como el amor, el respeto, la comprensión, la tolerancia y la dignidad.

Los padres más eficaces en lograr que sus hijos conduzcan su sexualidad de una manera saludable son aquellos que comprenden que educar niños y adolescentes requiere tiempo, paciencia, tolerancia y buena comunicación.

El mejor método en la educación sexual es el que se origina desde temprano en la niñez y continúa a través de los años.

Espero disfrute la lectura de este libro que estoy seguro lo guiará en el proceso de instruir a sus hijos en el campo de la sexualidad.

—Sixto Porras

Enfoque a la Familia®

INTRODUCCIÓN

ANTE UN MUNDO que día a día lucha por destruir nuestros valores familiares, vemos cómo vivimos constantemente una problemática relacionada con temas de diversidad, género y educación en cuanto a los principios sexuales de la sociedad en general, por esto nace la necesidad de hablar claro. Para nadie es un secreto en esta época que la educación sexual temprana a nuestros niños y niñas ya no es una opción, es ahora una necesidad sin derecho a la omisión.

La educación sexual temprana a nuestros niños y niñas ya no es una opción, es ahora una necesidad sin derecho a la omisión.

Como profesional en comunicación me ha intrigado por años la forma en que nos relacionamos y comunicamos con los niños, los enseñamos y corregimos y ellos nos interpretan e inclusive nos miden según nuestro lenguaje. Los niños son una fábrica de pensamientos en funcionamiento, diamantes en bruto, los cuales podemos pulir y obtener una piedra preciosa.

A partir de los dos años, los niños comprenden más de lo que usted y yo podríamos imaginar o creer, y cuando lo analizamos y deseamos comenzar estos temas de conversación, nacen cientos de preguntas… ¿Cómo debo hablarle? ¿Cuándo debo explicarle sobre sexualidad? ¿Estaré diciéndole de más o de menos? ¿Me estará comprendiendo? Y muchas dudas más.

En estos días, nuestros niños y niñas también están llenos de preguntas porque desean obtener la información clara y real; lo cual no es de extrañarse, ya que están constantemente expuestos y conectados a pantallas donde desde muy pequeños les muestran una realidad muy distinta a la que quisiéramos presentarles a su corta edad.

Solo por medio de quitar los tabúes y permitirnos entablar una sana comunicación en el hogar, podremos empoderar a nuestros pequeños, sin necesidad de llenarlos de prejuicios, complejos y problemas futuros que puedan surgir por falta de una sana educación sexual. La sexualidad es un tema cotidiano que va más allá de las relaciones sexuales y mucho más allá de las religiones.

El principal propósito de este libro, mi amigo y mi amiga, es darles herramientas como padre y madre para tratar los temas sexuales, familiares y de la fe, con un enfoque cercano y un lenguaje oportuno a su edad. Es momento de que pueda respirar profundo, llenarse de valor y quitar los tabúes que pueda estar cargando relacionados al sexo. A partir de ahora, nuestra meta será caminar juntos por las páginas de este libro para empoderar y llenar de conocimiento su comunicación en el hogar.

Fuera de nuestra casa hay muchos que quieren educar a nuestros niños y niñas con valores contrarios a nuestra fe. Como adultos responsables debemos empoderarnos y decir firmemente: "Con mis hijos no te metas". No creo en la división, creo en el respeto, donde no se imponga un antivalor a nuestras creencias. Usted está tomando la decisión de guiar su estilo de vida con base en la Biblia y educar así a sus hijos: bajo principios cristianos. La ideología de género quiere meterse a nuestras casas a decirnos cómo educar a nuestros niños. Pero nosotros, como hijos de Dios, debemos actuar y marcar el territorio bajo un entorno de respeto. Por eso no podemos solo decir: "No quiero esa educación para mis hijos", o nuestra frase: "A mis hijos los educo yo". Debemos ir más allá de simplemente decir que lo haremos, debemos hacerlo, debemos EDUCAR.

> El temor del SEÑOR es el principio de la sabiduría; los necios desprecian la sabiduría y la instrucción.
>
> —Proverbios 1:7, lbla

¡PARA APRENDER NO HAY LUGAR COMO EL HOGAR! #SINMENTIRAS

"¿HABLAR DE SEXO a mi pequeñito? ¡Pero apenas tiene... poquitos años!".

Es probable que usted piense en este momento que la educación sexual a sus hijos podría ser algo anticipado o quizá piense que funcione para otros padres, pero no en su caso. Hasta podría leer esto y pensar: *Debo estar preparado para cuando me llegue el momento de hablarles*. Pues permítanme decirles, amigo y amiga, que ¡el momento es ahora!

Hemos crecido carentes de información adecuada, hemos aprendido en el camino y hoy como adultos vemos que no nos desenvolvemos de la mejor forma en todas las áreas. Estamos reprimidos en muchas actitudes y comportamientos, y nuestra sexualidad no es precisamente la más sana, ya que hemos crecido con vacíos en conocimientos básicos inclusive. ¿Quién a esta edad no ha sentido soledad, tristeza, desesperanza, frustración y culpa, entre otras cosas?

Muchas de esas actitudes, sentimientos y vacíos comenzaron desde pequeños en aquellos momentos cuando no se nos explicaban claramente las situaciones y no tuvimos un acompañamiento sincero, sino en muchos casos represión ante situaciones que se consideraban incorrectas o negativas en lugar de exploratorias. Esto no es culpa de nuestros padres únicamente, es parte del sistema y de lo que año con año se nos ha enseñado. Y, por ende, sin querer, educamos de igual forma a nuestros niños.

Crecimos creyendo que lo correcto era callar lo que sentíamos, callar lo que deseábamos y simplemente obedecer sin pensar más allá, sabemos que debemos obedecer a nuestros padres como mandato bíblico, lo cual trae recompensa; pero creo además que debemos pensar y analizar lo que estamos haciendo. Si nos dijeron que debíamos colaborar en el hogar, lo hacíamos, que debíamos lavar los trastos lo hacíamos. Pero ¿estamos haciendo cosas sin analizar el porqué? ¿Hacemos las cosas por amor u obligación? Cuando meditamos en la importancia de la obediencia más allá de la acción que se nos indica es el momento en que aprendemos a obedecer y lo hacemos por amor.

¿Cuántas veces ha meditado a solas sobre la sexualidad de sus hijos? ¿Ha pensado como abordar el tema con ellos? Pocas veces nos detenemos a pensar en esto; buscamos bonitos regalos para los pequeños, los llevamos al cine o a divertirse y les damos una alimentación balanceada con alguno que otro capricho, pero ¿y la educación sexual?

Usted y yo vivimos en un mundo donde se llama bueno a lo malo y malo a lo bueno. Estamos tan saturados de mensajes incorrectos con respecto al sexo, mensajes en doble sentido y alejados de nuestros principios, que perdemos el enfoque con facilidad sobre la realidad de qué es la educación sexual y su verdadero sentido. Nuestros niños desde que nacen comienzan a recibir mucha información en torno a su sexualidad, como es el caso de algo tan básico como el color de la ropa que "deben" usar, el tipo de juguetes que les obsequian o les hacemos creer que deben gustarles, ver a un adulto o a otro niño bañarse o desnudo, ver a su mamá embarazada y, como estas, muchas otras situaciones hacen que su entorno sexual se active y nazcan consigo muchas preguntas sobre su sexualidad.

Estamos tan saturados de mensajes incorrectos [...] que perdemos el enfoque con facilidad sobre la realidad de qué es la educación sexual y su verdadero sentido.

Antes de continuar es importante que nos unamos en una misma razón: "Nuestros principios y valores no se negocian". Como nos dice la Biblia en Mateo 6:24: "Nadie puede servir a dos señores, pues menospreciará a uno y amará al otro, o querrá mucho a uno y despreciará al otro. No se puede servir a la vez a Dios y a las riquezas". Como seres integrales que somos y con principios cristocéntricos, debemos actuar conforme a nuestros principios sin flaquear en el proceso. Entonces habiendo dicho y establecido este punto, debemos estar claros que somos llamados a comunicar y enfrentar el tema, para cumplir con nuestro llamado de llevar el mensaje de Cristo a toda persona: "¿Cómo, pues, invocarán a aquel en el cual no han creído? ¿Y cómo creerán en aquel de quien no han oído? ¿Y cómo oirán sin haber quien les predique?" (Romanos 10:14).

Es común que nos hagamos la pregunta: "¿Cómo hablamos con nuestros hijos de sexualidad conforme a nuestros principios sin cohibirlos, cargarlos de prejuicios y alejarlos de la fe?". Y bueno, amigo y amiga, ese es el verdadero reto. Nadie dijo que el camino de nuestra fe sería simple; y el de educar a nuestros hijos tampoco lo es. Pero con la ayuda de Dios y herramientas como este libro lo vamos a afrontar y lograremos desarrollarlo de la mejor forma posible.

¿Se acuerda cómo fue criado? ¿Podría expresarse sobre cualquier tema en este momento con facilidad? Muchos de nosotros no vivimos en un hogar donde la libertad de expresión fuera un tema cotidiano, y no necesariamente por represión, sino por falta de atención. Trate de recordar cómo solventaba sus dudas cuando se generaban. Un reto actual es —en medio de todos los trajines diarios y las dificultades para encontrar un tiempo libre— crear un hogar que les permita a nuestros pequeños vivir sin temor a preguntar, donde se les permita expresarse y sus inquietudes sean atendidas por más simples o complejas que puedan ser.

Primeros pasos

La succión del pecho es el primer acercamiento sexual del niño;[1] la lactancia permite al menor sentirse mucho más seguro y complacido. Cuando la madre genera ese vínculo afectivo, comenzamos a notar que el niño únicamente desea estar cerca de ella y que lo cargue en brazos. Muchos niños no son amamantados, pero esto no elimina su ansiedad de succionar. Vemos cómo el biberón puede estar vacío y ellos continúan realizando la succión porque los sacia ese placer que traen desde el nacimiento el cual les brinda paz y relajación.[2]

También es común notar que los niños intentan colocar todo en su boca, esto se debe a que así comienzan a conocer el mundo. Si algo es dulce o salado, frío o caliente, duro o suave, lo pueden identificar a través del sentido del gusto. Es un instinto que tienen todos los niños al nacer, por ende, no hay de qué alarmarnos y debemos medir qué cosas les permitimos introducir a su boca y cuáles no. Debemos ser permisivos en algunos casos para que puedan aprender.

Cuando los niños avanzan en edad, vemos que ya no se meten todo a la boca; sin embargo, muerden sus uñas, sus lapiceros, su ropa, sus juguetes o cualquier cosa para saciar su ansiedad. Incluso como adultos tendemos en muchas ocasiones a continuar con estas tensiones, debido a nuestros recuerdos de bienestar de la infancia. Llega un momento en el cual podemos pedirles que se dejen de comer las uñas, que no muerdan aquel lápiz, o que tengan cuidado con lo que mastican y ellos toman conciencia.

No es casualidad que hoy la goma de mascar no pase de moda; nuestra necesidad fisiológica de masticar, succionar y sentir mediante la boca no finaliza con el tiempo, solo se transforma. Con esto quiero enfatizar que desde que nacemos aprendemos, exploramos y conocemos por medio de este primer instinto: la succión.

Si piensa que su niño ya está grande, no hay problema, siempre está a tiempo de marcar la diferencia y darle a ese niño los principios que le den un mejor futuro. Recuerde que la conexión emocional en el hogar nos permitirá una mayor apertura en temas poco promovidos hoy en día. Necesitamos ser claros y directos en nuestra forma de expresarnos. Tome en cuenta que cuando nos preguntan es porque ya desean saberlo y están listos para conocer del tema.

Tome en cuenta que cuando nos preguntan es porque ya desean saberlo y están listos para conocer del tema.

Apertura en el hogar

¡Comencemos! ¿Había pensado que, durante todo este tiempo con sus hijos en casa, los ha estado educando en temas de sexualidad? Es educación no intencional o no verbal.[3] ¿Cree que está cumpliendo con la labor de la mejor forma? Querido amigo lector, piense por unos segundos, ¿qué mensaje le ha estado enviando a sus hijos? Si la simple pregunta lo preocupa en este momento, despreocúpese, porque está a tiempo de reforzar un mensaje sano en ellos, dejar ir los tabúes y empoderarlos, además de acompañarlos, en esta etapa tan hermosa e importante que están viviendo.

Sé que usted intenta ser un padre o una madre responsable en todos los aspectos, y está área sexual no es la excepción, razón por la cual está leyendo este libro ahora. Cuando comprendemos que no podemos evitar entrar en este tema con nuestros hijos, ya hemos avanzado. Usted es la principal fuente de influencia en el desarrollo sexual de esos niños que tiene a cargo. Su relación de pareja, las relaciones familiares y la gente que le rodea son determinantes en los sentimientos negativos o positivos que tendrán sus hijos a futuro sobre su sexualidad, ya que les está brindando una visión del mundo con sus acciones.

Les está brindando una visión del mundo
[a sus hijos] con sus acciones.

Existen momentos que llegan y que tristemente dejamos pasar, oportunidades que no se van a repetir. Un ejemplo de esto es cuando el menor comparte una ducha con alguno de sus padres; ese momento es oro, ya que el niño se verá intrigado por las distintas partes del cuerpo que él no posee. Hablar de sexualidad y explicar el cuerpo humano le demostrará al menor la apertura que existe en el hogar en temas de sexualidad. Es posible que muchas de esas conversaciones no serán recordadas por sus hijos más adelante, quizá en ese instante sus palabras no serán de relevancia o no tendrán sentido para ellos en ese momento; lo importante es que ese niño o niña recordarán la apertura que tiene usted para explicarles este o cualquier otro tema.

Hablar de sexualidad y explicar el cuerpo humano le demostrará al menor la apertura que existe en el hogar en temas de sexualidad.

Debemos ser conscientes y comprender que la sexualidad infantil existe, pero de forma distinta que en nosotros los adultos. Como adultos tendemos a considerar la sexualidad más físicamente, y lo asociamos directamente con las relaciones sexuales. Pensamos en el sexo sin ver todo lo que abarca la sexualidad; sin embargo, los niños y las niñas poseen muchísimas formas distintas de ver y entender el mundo. Aspectos que consideramos simples como: reconocerse como niño o niña, aprender a lavar sus genitales, ir al baño por sí mismos, comenzar a sentir amor y respeto por otros; hacen que los niños y las niñas vivan un mundo de nuevos descubrimientos. Todo esto constituye la formación inicial de su sexualidad.

La información tardía es peligrosa

¿En qué nos ayuda la educación sexual en el hogar? Cuando se comprometa a enseñar una sexualidad sana desde los primeros años de vida de sus hijos, sus niños y niñas podrán aprender sobre los verdaderos valores familiares, así como la información real y detallada de su cuerpo; además, lograrán neutralizar los mensajes negativos y serán más firmes a la hora de tomar decisiones correctas.

¿Será este el momento? Mejor le digo mañana porque hoy no creo que quiera hablar… ¡Querido amigo: No espere que los días pasen! Tenga presente que la información ahora está al alcance de un clic, en segundos sus hijos podrían conocer lo que no les dijo, y no de la forma que a usted le gustaría, por lo que es en casa donde se deben aclarar las dudas y hacer de la educación sexual un tema para conversar cuando sea requerido y cuando no. He visto como las familias que se comunican constantemente con sus hijos pequeños logran transmitir valores familiares de una mejor forma, comparten información exacta y honesta y les enseñan a los niños y a las niñas a tomar decisiones más sabias con base en sus conocimientos previos.

> Instruye al niño en su camino, y aun cuando fuere viejo no se apartará de él.
>
> —Proverbios 22:6

Cuando nos ponemos a meditar sobre: "Soy el modelo de mi hijo", comenzamos a sentir que nos falta el aire. Y cuando meditamos que ese niño nos mira siempre, en nuestros días buenos y malos, comenzamos a sentir la presión de no fallar. Ser un modelo es bastante complejo, no permite equivocaciones ni mucho menos reincidir en el error. Quizá usted que me lee ha intentado durante años verse bien, hablar bien, comer bien y que su pequeño o pequeña lo vea como una persona a quien admirar. Pero ¿qué pasa con el sexo? Este tema tabú es ahora una realidad en la casa y el pequeño quiere saber, necesita preguntar, quiere aprender. ¡Quiere saber, necesita preguntar, quiere aprender!

Cuando los seres humanos tenemos una duda, nuestro cerebro no deja de trabajar hasta resolverla, y cuando nos decidimos a preguntar o investigar acerca del tema, no nos detenemos hasta exprimir lo máximo de esa información, ya que solo así sentimos que hemos aprendido. Pero ¿qué pasa cuándo solicitamos una respuesta y sentimos que la recibida no fue real o que no fue suficiente? Cambiamos de fuente. Lamentablemente, esto nos puede pasar si no estamos preparados para enfrentar cualquier tema que se levante en la mesa de nuestro hogar. No permita que sus hijos cambien de fuente, sea usted el Google de sus niños en el hogar, y entonces ellos verán su apertura y reflejaran su inteligencia emocional fuera de casa.

Entre los cuatro y los nueve años, los niños y las niñas aprenden mucho en la escuela: las matemáticas, las ciencias, las humanidades, los distintos idiomas y las artes siempre están presentes. ¿Y sobre temas sexuales? Por lo general la respuesta es: "No". Es por esta razón que se necesita la educación en casa; porque de acuerdo con nuestros valores, no necesariamente deseamos que reciban o aprendan la opinión de los profesores o los comentarios de otros alumnos.

Sé que usted como padre desea que sus conocimientos sobre sexo y sexualidad sean los correctos según nuestra fe y valores, por eso no se pueden aceptar mentiras en este camino.

Constantemente me preguntan: "¿Cuáles son los objetivos de la educación sexual en los niños?". Y aunque la respuesta podría ser muy amplia, tanto como todo este libro, considero que hay dos grandes e importantes propósitos fundamentales:

- Generar una sexualidad saludable desde pequeños sin complejos ni tabúes.
- Ayudarlos a prevenir conflictos relacionados con su sexualidad a lo largo de su vida, a través de tomar decisiones adecuadas, como lo han aprendido en casa.

Cuando nos aventuramos en el mundo de ser padres entendimos que no es tarea fácil, y hablar de sexualidad no será la excepción. Debemos comenzar por medio de dejar de lado los mitos que por lo general hemos interiorizado; uno muy fuerte que dejaremos a partir de este momento es el mito de que la educación sexual acelera el comportamiento o deseo sexual en nuestros menores.[4] Muchos hemos creído que si hablamos de sexo abriremos un canal peligroso sin vuelta atrás. Lo cierto es que la educación sexual adecuada, bajo los valores de nuestra fe, ayuda a reforzar la responsabilidad que conlleva el tema. Muchas veces hemos creído que hablar sobre sexualidad a los niños les "quitará su inocencia", y, por el contrario, una sana educación sexual infantil no adelanta información excesiva. Lo que puede afectar al menor es la información erótica, la información falsa y la información que no corresponde con su edad. Como adultos debemos tener sentido común y pedir sabiduría a Dios para abrir nuestra mente y entendimiento para comunicarnos de la manera correcta con los niños.

Recordemos que nuestros niños y niñas pasan por una etapa en la cual si no comprenden algo específico volverán a preguntar una y otra vez. De modo que la claridad para abordar estos temas es primordial para que no se confundan y logren quedar satisfechos con su respuesta. Es importante decirlo una vez más: nuestros hijos no perderán su inocencia, pero sí estarán mayormente preparados y formados para entender las conversaciones que escuchen cuando estén con otros niños y niñas e inclusive adultos de una forma sana y transparente.

¿Por qué es importante la educación sexual?

Recuerdo que, a mis once años, estando aún muy pequeña, ya asistía a los cultos de jóvenes. En una ocasión anunciaron un seminario que Sixto Porras de Enfoque a la Familia®, impartiría en la iglesia llamado: "Sexo, mentiras y verdad". Recuerdo que quise inscribirme y solicité el espacio. Fue la primera vez que me senté a escuchar sobre sexo y sexualidad, la primera vez que alguien me habló de aquellos temas tan tabúes en esa época. Sixto, siendo uno de los pioneros en Costa Rica sobre estos temas, nos transmitió con mucho amor lo que era correcto y lo que no, lo que nos decía la Biblia y lo que nos decía la sociedad. Fue una gran bendición haber estado sentada ahí ese día. Estoy segura de que ese seminario puso en mí las bases correctas para los siguientes años de adolescencia y juventud. Hoy, viendo hacia atrás, recuerdo que había gente adulta sentada en ese seminario, ¡y pensar que también era la primera vez que alguien los educaba en el tema!

Es normal que en los hogares se "crea" que lo que no se habla no existe. Pero no podemos olvidar que el silencio emite un mensaje: la comunicación no verbal. Muchas veces, el silencio dice mucho más que las palabras. ¿Le ha pasado qué se molesta con alguien, y con dejar de hablar la otra persona comprende su molestia? Usted no tuvo que decirlo y ya lo comunicó. Otro ejemplo es con su pareja: cuando alguno se molesta, se encuentra triste o planea algo con solo gestos podemos saber lo que está ocurriendo, ¿eso cómo lo aprendimos? Nadie nos ha dado una clase sobre gestos en medio del silencio, pero aprendimos con el tiempo, con la experiencia y la reiteración. ¿Recuerda cuando de pequeños mamá nos hablaba de inmediato con sus ojos? Con solo observar su cara sabíamos que estábamos en problemas. Así su hijo e hija han aprendido a leer sus expresiones. Ellos entenderán si usted desea o no tocar algún tema. Si usted no se comporta de la manera correcta o no responde en el momento que se generó la conversación es posible que la confianza se vea afectada y que sus hijos busquen canalizar su inquietud en alguna otra fuente de su confianza. De ahí nace la importancia de estar preparados siempre; y con preparados no me refiero a que debemos saber cada respuesta, sino a tener la apertura de escuchar y responder de manera simple. Recuerde: No hay segundas oportunidades para primeras malas impresiones.

Recuerde: No hay segundas oportunidades para primeras malas impresiones.

La necesidad de hablar de este tema en familia no es nueva ni es de este siglo, pero hoy no se puede omitir ya que vivimos ante una problemática mundial, donde se llama bueno a lo malo y malo a lo bueno. Sé que como padre le preocupa el acontecer de sus hijos, razón por la cual es prioritaria una sana y fuerte comunicación en temas de sexualidad desde edades tempranas. No mencionar estos temas en casa envía un mensaje a nuestros hijos de "algo oculto", de un "tema secreto", que les va generar a lo largo de los días más cuestionamientos e intrigas, y lastimosamente irán a buscar respuestas fuera de casa, porque no sienten esa apertura en el hogar, ya que usted creó un "tema prohibido" en la mente de aquel menor. La Biblia nos enseña que desde nuestros inicios el ser humano se ha visto tentado principalmente por aquello que se le indica que no puede realizar, así que al evitar el tema solo enviaremos a nuestros pequeños en busca de más información. Nuestra responsabilidad como hijos e hijas de Dios es enseñar con respeto y amor, pero sin dejar de lado los principios de nuestra fe.

> ¡Ay de los que a lo malo dicen bueno, y a lo bueno malo; que hacen de la luz tinieblas, y de las tinieblas luz; que ponen lo amargo por dulce, y lo dulce por amargo!
>
> —Isaías 5:20

Le propongo algo: motive a sus hijos en la próxima cena familiar en casa a hablar sobre noviazgo, si gustan de alguien más, sus sentimientos por otra persona, cómo nacen los niños y temas similares para comenzar a conversar sobre educación sexual. La primera vez no espere que le cuenten todo, aunque prepárese porque podría ocurrir. Es cuestión de tiempo y práctica, pero entre más informados y capacitados para hablar de sexualidad estén los menores, será mejor para afrontar y manejar sus emociones y la presión que ejerzan sus amistades será menor sobre ellos. Debe darles bases sólidas conformes a su edad, no pretenda que sean perfectos o librarlos de todo peligro, pero entre más informados estén, más difícil será que venga alguien a intimidarlos. Usted en algún momento de su vida recibió clases de matemáticas, así que si alguien viniera a usted a decirle que uno más uno es igual a cuatro, usted tiene bases sólidas, experiencia y aprendizaje previo por los cuales sabría que eso no es correcto; sucede igual cuando educamos en sexualidad.

Una sana educación sexual ayuda a tomar el control de sus vidas y sus futuras relaciones, protegiéndolos de abusos y demás situaciones complicadas. El hogar es sin duda el mejor lugar para aprender de educación sexual, partiendo de la confianza que se desarrolle y del entendimiento clave de que en nuestro círculo familiar nos protegemos y nos ayudamos, no nos juzgamos. Cuando el menor comprende que este es su círculo de confianza, difícilmente ese lazo será destruido con el tiempo. Como dijo el famoso psiquiatra Karl Menninger: "El trato que se le da a los niños es el que ellos luego darán a la sociedad".[5]

Nuestra realidad hoy es que nuestros hijos e hijas se verán rodeados de personas con valores distintos a los nuestros, personas que podrían ser profesores, músicos, actores o familiares cercanos de nuestros pequeños, a quienes inclusive ellos admirarán y tomarán como ejemplos. El hecho de que no compartan nuestros valores no nos permite hablarle mal al niño o niña de ellos, sino nos reta aún más a enseñarles a tratar a todos con amor y respeto, inclusive cuando no compartimos principios. Es importante siempre pensar antes de hablar, ya que podríamos estar enseñando algo contrario a nuestra fe que está basada en el amor de Dios.

Es importante siempre pensar antes de hablar, ya que podríamos estar enseñando algo contrario a nuestra fe que está basada en el amor de Dios.

Un tema que hoy es prioridad conversar en casa es la diversidad sexual; temas como estos son claves en la comunicación con el menor. No podemos colocarnos en el papel de jueces, porque no lo somos, solo Jesús podría serlo, por lo cual, como dice la palabra, debemos comprender y enseñar a los pequeños a amar a todos por igual. Si Dios es amor, ¿cómo podemos enseñarles a nuestros hijos a hacer acepción de personas? Educar con valores y principios bíblicos debe ser la regla principal. Que no estemos de acuerdo con las uniones del mismo sexo, no nos da la libertad de infundir odio o desprecio en nuestros hijos sobre esas situaciones; tampoco estoy diciendo que vamos a enseñarlos a aplaudir aquello que está en contra de nuestra fe. Todo esto nos desafía a desarrollar en el menor empatía, empoderamiento y fortaleza para forjar un carácter que le permita comprender que a pesar de no estar de acuerdo y ser contrario a nuestros principios, respetamos y reflejamos el amor de Jesús hacia todos por igual.

> Amados, amémonos unos a otros; porque el amor es de Dios. Todo aquel que ama, es nacido de Dios, y conoce a Dios. El que no ama, no ha conocido a Dios; porque Dios es amor. En esto se mostró el amor de Dios para con nosotros, en que Dios envió a su Hijo unigénito al mundo, para que vivamos por él. En esto consiste el amor: no en que nosotros hayamos amado a Dios, sino en que él nos amó a nosotros, y envió a su Hijo en propiciación por nuestros pecados. Amados, si Dios nos ha amado así, debemos también nosotros amarnos unos a otros. Nadie ha visto jamás a Dios. Si nos amamos unos a otros, Dios permanece en nosotros, y su amor se ha perfeccionado en nosotros.
>
> —1 Juan 4:7-12, énfasis añadido

Con esto no estoy diciendo que aceptemos lo contrario a nuestros valores, sino que aprendamos a vivir como Jesús lo haría. ¿Se ha preguntado qué haría Jesús? Debemos amar al pecador, pero no el pecado. Y eso es precisamente lo que debemos educar en nuestro hogar. Sabemos que existe diversidad de pensamientos, pero nuestros principios y nuestra fe es una sola, y no se negocia. No caigamos en el desprecio y la discriminación, los cuales no son pilares de nuestra fe, mejor inculquemos principios cristianos que están basados en el amor, la santidad, la fe, la libertad, la gracia y la obediencia. Solo así podremos formar futuros hombres y mujeres de Dios con un corazón lleno de amor para dar al mundo lo que por gracia hemos recibido.

Sexualidad y sexo

Partamos de algo básico, ¿sabe usted cuál es la diferencia entre sexualidad y sexo? ¿Le ha pasado que cuando piensa en ambos términos cree que son lo mismo? Muchas veces nuestra carencia educativa en aspectos sexuales se debe a nuestra formación —ya que somos de otra generación que no creció con la misma apertura en estos temas— y por eso en algunas ocasiones los confundimos. Considere el tema como una oportunidad de mejora con la buena actitud de querer aprender para después también educar.

Por lo general, cuando estamos en medio de una conversación cotidiana, tendemos a utilizar la palabra sexo o sexualidad para referirnos a lo mismo, porque pensamos que ambos términos son sinónimos sin profundizar en sus grandes diferencias.

Comencemos por profundizar con respecto al término *sexo*. Si quisiéramos puntualizar lo que es el sexo en términos simples, podríamos decir que es cualquier tema o situación que se relacione con los genitales. Cuando hablamos de genitales también podemos profundizar en reproducción humana, en nuestras características físicas a nivel genital que nos definen como hombre o mujer y en todas aquellas características hormonales que vamos experimentando como seres humanos con el pasar de los años, como lo son: aumento de senos, menstruación, crecimiento de vello en el rostro, cambio de voz, menopausia, entre otras.

Cuando conversamos sobre sexo es común que hagamos referencia a tocarnos a nosotros mismos o a tocar a otros, o bien a cuando la estimulación física genera estimulación sexual y, por ende, placer. El tacto no necesariamente debe ser genital, llámese masturbación o coito, sino también podemos ver como un abrazo, tomarse de las manos, un beso o un masaje podrían provocar las mismas reacciones físicas y químicas en nuestro cuerpo.

El sexo comprende las características propiamente fisiológicas. Es la unión de un hombre y su mujer para traer un nuevo ser al mundo, o bien, la unión de ambos por placer. Además, el sexo es el que nos hace sentir deseos, placer y atracción por otros a través de las hormonas. Cuando Dios nos creó, se tomó su tiempo para definirnos como seres humanos a través de un cuerpo, partiendo de características físicas que nos identifican como hombre o como mujer. Es primordial inculcarles al niño y a la niña que fueron creados conforme al corazón de Dios, y que su sexo no es casualidad, que él y ella tienen un propósito especial en la vida, tal cual Dios los creó.

Es primordial inculcarles al niño y a la niña que fueron creados conforme al corazón de Dios, y que su sexo no es casualidad.

> Antes que yo te formara en el seno materno, te conocí, y antes que nacieras, te consagré, te puse por profeta a las naciones.
>
> —Jeremías 1:5, lbla

> Y creó Dios al hombre a su imagen, a imagen de Dios lo creó; varón y hembra los creó.
>
> —Génesis 1:27

Ahora bien, ¿qué es entonces sexualidad? Cuando definimos nuestra sexualidad debemos partir de nuestro desarrollo psicológico, social y cultural, más allá de nuestros genitales y de nuestras hormonas. Nuestra sexualidad es expresar quiénes somos como individuos independientes y cómo nos sentimos con nosotros mismos. Piense en un momento en usted. ¿Cómo se expresa? ¿Cómo se viste? ¿Cómo se comunica y habla con otros? Si piensa esas mismas preguntas, y basa las respuestas en algunos años atrás, ¿respondería lo mismo? ¿O cree que responderá lo mismo dentro de algunos años? Así es precisamente cómo nuestra sexualidad cambia y madura conforme avanzan los años. Otros aspectos tales como la orientación sexual, el género, los valores, las creencias, la forma de relacionarnos, la imagen corporal que tenemos de nosotros mismos, nuestros deseos, los sueños y las actitudes que tenemos, conforman nuestra sexualidad. La sexualidad puede ser altamente influenciada por quienes nos rodean (familiares o amigos), aspectos políticos, religiosos y culturales.

Cuando hablamos de una sexualidad sana en el hogar tenemos que aprender a aceptar las diferencias entre nuestros hijos y otros niños, o entre hermanos, y debemos evitar y eliminar las comparaciones. No porque otros niños hayan aprendido antes significa que debamos presionar a los nuestros, todos somos diferentes y vamos a distintos pasos.

Cuando promovemos en el hogar un ambiente de confianza y apertura, motivamos a nuestros hijos a conversar sobre su sexualidad y, desde el inicio, generamos confianza en su identidad. Puede comenzar por medio de conversar sobre su imagen física; preguntas simples como: "¿Qué es lo que más te gusta de tu cuerpo?", podrán generar una autoconfianza en el menor que será clave en su futuro.

Podemos hacer notar que una característica en común entre el sexo y la sexualidad es el placer; sea el placer de una relación sexual o el placer de sentirme pleno en mi sexualidad por la forma en que me veo y la persona en la que me he convertido. Como vemos, aunque son palabras similares, tienen una connotación muy distinta entre sí, el sexo es más genital y físico, mientras que la sexualidad es más amplia y abarca todas nuestras emociones, valores, creencias e inclusive sentimientos.[6]

TODO ME ES LÍCITO MÁS NO TODO ME CONVIENE

La educación sexual inicia siempre en casa con los modelos: el padre y la madre.

Pero ¿cómo ser un buen modelo?

En una ocasión, el pensador y pacifista, Mahatma Gandhi, dijo:

"No hay escuela igual que un hogar decente y no hay maestro igual a un padre virtuoso".[7]

En nuestra vida todos hemos tenido modelos a seguir, y no necesariamente los que salen en la televisión o escuchamos en la radio. Muchos los tenemos y los sentimos cerca; hemos conocido su historia y nos han inspirado tanto que han ocupado un espacio de nuestra admiración.

Piense por unos instantes en esa persona que usted admira. Medite sobre ¿qué cosas le admira? ¿Cómo es su actitud? ¿Cómo habla? ¿Qué es lo que cree usted que hace única a esa persona? Ahora recuerde a alguna persona que haya sido clave en su infancia; en caso de ser otra persona, hágase las mismas preguntas sobre ella. Por lo general deseamos ser personas que pasan por el mundo impactando vidas, y esperamos que el día que ya no estemos acá se nos recuerde como alguien que trascendió, aquella persona de buen corazón, que fue un modelo de fe, pero ¿estamos trabajando para hacerlo una realidad?

¡La edad más linda de nuestros hijos es cuando vemos el brillo de sus ojos al vernos, cuando regresamos a casa después de un largo día de trabajo y están ahí con el deseo de abrazarnos y pasar un tiempo con nosotros! En esos momentos en que la admiración comienza a salir a flote es primordial que usted aproveche para crear lazos de respeto en la relación actual y futura con sus hijos.

Si considera que algo no está bien, que no es correcto que sus hijos tengan cierto lenguaje o comportamientos, no solamente debe decírselos, sino también enseñarles con su ejemplo. Es común en nuestros tiempos decir: "No puedes usar el celular mientras cenamos", pero ¿está usted dando el ejemplo o cada vez que recibe un mensaje o una llamada la atiende sin importar si está cenando con sus hijos? La excusa de "los adultos sí podemos", no aplica en este caso, el ejemplo que usted les dé a sus hijos es clave en los comportamientos de ellos.

Conocí a un niño hace ya varios años mientras daba clases de escuela dominical. Como maestra infantil amaba enseñar y ver cómo el comportamiento y actitud de esos niños podía cambiar para bien. Cuando este niño llegó todo dio un giro; fue un gran desafío porque nunca quería poner atención, golpeaba a otros y gritaba muy fuerte, actuaba de manera violenta si se le reprendía. Con apenas unos siete años ya tenía formado un carácter muy fuerte y, lastimosamente, violento. Fueron muchísimas las clases en las que intenté luchar con él; lo abrazaba y lo sentaba en mis piernas para que no se fuera a pelear con otros mientras coloreaba. Ahí pude notar que necesitaba amor y afecto, pero que no estaba acostumbrado a ello y que nunca era escuchado en su hogar. Con el paso del tiempo, esa familia no regresó, y unos años después supe que vivían en agresión en el hogar: el padre golpeaba a la madre frente al pequeño y su hermana aún menor. La parte más dura era que aquel niño creía que esto que veía era normal y le decía a su hermana de apenas cuatro años: "Ven, sentémonos a ver el *show*", ya que para él esa situación era normal e inclusive divertida.

¿Qué está enseñando en su hogar? ¿Qué están viendo sus hijos como normal cuando no deberían verlo así? Recuerde que usted como padre o madre tiene la responsabilidad de educar a ese niño ante Dios; no es simplemente darle su mesada, ver que esté bien de salud y subirlo al autobús del centro infantil cada mañana.

Comience por permitirles a sus hijos generar una confianza extra para conversar de temas fundamentales a lo largo de la vida. Empiece con puntos básicos que son el mundo del niño en este momento; por ejemplo, la primera novia o novio, la primera vez que le dieron un beso o cuando ese niño o niña le dijo que usted le atraía. Pequeñas conversaciones como estás permitirán que el menor genere seguridad emocional con usted. Eso sí, el menor medirá su reacción ante sus preguntas; por eso sea sabio, actué tranquilamente y relájese al conversar con sus niños, recuerde que es usted quien lleva la guía y el control de la conversación.

Cuando traigamos a la mesa temas que deseamos que el niño nos cuente, es importante controlar nuestras respuestas de una manera sabia. Si usted le indica que lo que hizo es indebido, que no debió hacerlo o que fue incorrecto, pero no le explica la situación, el niño entenderá que simplemente es una orden de prohibición y esto le generará muchísima más curiosidad a la inicial; además de hacer que su acción se repita, podría provocar una posible rebeldía en esa área. Recuerde que estamos en el momento clave de crear lazos y educar con amor. Si el actuar del niño no fue el correcto, es su deber como padre decírselo: explíquele la situación, cuéntele su experiencia, hable con ejemplos, muéstrele que lo ama y que le preocupa, y que por eso le explica por qué fue incorrecto. Algo que no puede faltar es el diálogo; no convierta la conversación en un monólogo, ya que el niño aprende también conversando.

Cuando motivamos al diálogo y a la conversación, ampliamos y fortalecemos la relación.

Cuando motivamos al diálogo y a la conversación, ampliamos y fortalecemos la relación. Pregúntele a su niño o niña los detalles de lo ocurrido; converse con preguntas simples como: ¿Cómo te hizo sentir? ¿Cómo te sientes ahorita? ¿Qué quieres hacer ahora? Y después de las preguntas, agregue consejos al niño o a la niña, explíquele lo que usted considera de una forma amorosa y cercana e inclusive agregue abrazos y dele toda su atención. Es importante que el niño tenga claro que no estamos imponiendo ni prohibiendo, sino que lo estamos aconsejando en su primer contacto con los sentimientos de su sexualidad. Todo esto mientras lo sucedido se encuentre dentro de los parámetros normales de una relación infantil; si la situación transciende a una posible agresión sexual deberá tomar el asunto con la seriedad debida del caso, y ahí sí deberá aplicar y enfatizar las prohibiciones ante dichos actos o proceder de inmediato con el debido proceso judicial.

Sea su mejor versión y no trate de imitar a otros padres. No caiga en el estrés de aquello que no les puede dar a sus hijos. Sus hijos lo amarán por aquellas cosas que usted les enseñó, aquellas que formaron su carácter para ser hombres y mujeres de fe, hombres y mujeres fuertes.

> Todo me es lícito, pero no todo conviene; todo me es lícito, pero no todo edifica.
>
> —1 Corintios 10:23

La Biblia sabiamente nos enseña que un padre amoroso les dice a sus hijos (parafraseando): "Haz lo que desees, pero no en todo te irá bien". Con los años, hemos experimentado esa clave bíblica en nuestra propia piel. Hemos tomado cientos de decisiones que no han salido como nos imaginábamos; sin embargo, hemos aprendido y hemos superado muchas derrotas; primero, con la ayuda de Dios y, segundo, con aquellas enseñanzas que hemos acumulado en nuestro caminar. Si las enseñanzas hubieran comenzado a nuestros cuatro años quizá no habríamos recibido tantos golpes; o quizá sí, pero los habríamos afrontado de una mejor manera.

Este es el momento de comenzar a explicarles a sus hijos que pueden besar, pueden sentir, pueden enamorarse y pueden expresarse con libertad. Sin caer en prohibiciones, también es momento de empezar a explicarles que estas situaciones serán diferentes según su edad, y conforme la otra persona también lo desee, ya que no se puede forzar a otros a ser abrazados o besados, aunque la intención sea positiva y de afecto.

¿Qué le parece si empezamos a hablar con los niños de un tema tan simple y natural como qué piensan sobre nosotros o qué sienten cuando nos abrazamos? También les podemos hacer preguntas que pueden parecer simples, pero que nos ayudan a abrir la conversación en múltiples temas que a veces damos por sentados, como, por ejemplo, que nos cuenten cómo es su maestra, con qué niños juegan en el tiempo libre, cuáles son sus juegos favoritos y cómo se sienten hoy.

Tenemos la responsabilidad de enseñar qué cosas les convienen y cuáles no a nuestros niños. Como padres somos responsables de decir: "Esto te conviene", y: "Esto no te conviene", aunque sea un tema complicado. Dios, mediante un gran manual de vida, nos dejó cientos de consejos y tantas otras reglas. Con este manual hemos actuado y tratamos día a día de guiar nuestros actos. Dios, como padre responsable, nos enseñó a distinguir lo bueno de lo malo, y es nuestra responsabilidad enseñarles a nuestros niños a hacerlo con base en la luz de la Biblia.

Existen reglas básicas que podemos tener en casa las cuales nos permitirán reafirmar nuestros valores y lograr conectar con nuestros hijos de una manera cercana. Comencemos afirmando que en casa somos gente real, que comete errores y que nos equivocamos, pero que somos gente que no teme pedir disculpas y avanzar como familia bajo nuevas oportunidades. Recálqueles a sus hijos la necesidad de divertirse, de ser ellos mismos y su deseo de verlos felices. Abrácelos mucho, hagan ruido juntos y demuestren su afecto.

Enséñeles a sus hijos cosas básicas en casa: si lo abren, deben cerrarlo; si encienden algo, deben apagarlo; si hacen desorden en sus juguetes o en el hogar, deben ordenar; si toman algo prestado, deben devolverlo; si no saben alguna cosa, deben preguntar; si hacen una promesa o tienen una tarea, deben cumplirlas.

Cuando comencemos a educar a nuestros hijos en lo que les conviene y lo que no, vamos a notar la inteligencia y capacidad que tienen los pequeños para comprender las lecciones. Usted puede ser simple y dar ejemplos como: "Puedes comer más galletas, pero no te conviene hacerlo porque podrías enfermarte y te podría doler el estómago como el otro día". "Puedes decir que te gusta Denzell, pero no te conviene decírselo a todos si no quieres que luego te hagan comentarios que no te gustan". Explique con ejemplos simples, comparta con él o ella de forma que su mensaje sea efectivo, consúltele al final si comprendió la conversación y qué piensa al respecto; así usted podrá reforzar el mensaje o corregir algún malentendido. Escuchar lo que aprendió y su opinión le ayudará a explicar mejor el tema en futuras ocasiones, porque conocerá las palabras que usa para interpretar.

Como modelos debemos contar nuestras historias, claro, desde la perspectiva de un niño o niña. Podemos usar frases sencillas como: "Cuando conocí a tu mamá, ya tenía treinta y dos años, había estudiado y tenía mi propio auto, fue en ese momento que nos gustamos y decidimos comenzar a conocernos, llamarnos por teléfono, ir al cine y a comer; entonces nos dimos cuenta que nos gustaba mucho estar juntos y que nos amábamos, así que decidimos casarnos, comprar la casa juntos y después de un tiempo naciste tú". Los niños y las niñas no quieren que se les den más detalles de los que solicitan, pero sí debemos ser claros en los que nos piden, porque no lo hacen para incomodarnos o hacernos pasar un mal momento, están en su proceso de aprendizaje del mundo y somos sus maestros máximos.

No dé campo a las mentiras

En estos años, hemos sido testigos de los cambios que día a día experimentamos como sociedad. Así como el mundo cambia, la paternidad cambia. Si usted cree que sus hijos están bien porque se saben los colores y los días de la semana, le tengo noticias: esa educación básica ya no es suficiente. Vivimos en un momento donde las veinticuatro horas de los siete días de las cincuenta y dos semanas de cada año nace información segundo a segundo; y sus hijos están expuestos a toda ella. Algunos temas que se hablan y viven todos los días en los centros educativos y en la televisión son, por ejemplo, anatomía, afectividad, familia, roles, género y tipos de relaciones. ¿Está educando en esos aspectos?

Ya no existe la opción de mentir como medida alternativa. Mentir sobre estos temas hará que el niño o la niña crezcan con conceptos equivocados, lo cual podría frustrarlos y enviarlos menos preparados a enfrentar la vida. Tener que volver a aprender podría hacerlos perder la confianza en sí mismos y en sus padres, a quienes consideraba sus maestros, lo cual complicaría más la etapa de la adolescencia.

Vivimos en un mundo tan cargado de contenido sexual, de diferencias de género y lenguaje que contradice nuestros valores y principios, que entonces nace la pregunta: "¿Cómo le explico?". Más adelante veremos una amplia gama de respuestas a temas recientes y de siempre, pero que ahora es necesario responder. No hay campo para las mentiras, es nuestra responsabilidad educar a los futuros padres de la fe. Es nuestra responsabilidad que estos niños y niñas crezcan siendo competitivos en un mundo que no deja de exigirles conocimientos y desarrollo social.

> Guarda tu lengua del mal, y tus labios de hablar engaño.
>
> —Salmo 34:13

Me da miedo dar demasiada información

> El hombre sabio es fuerte, y el hombre de conocimiento aumenta su poder.
>
> —Proverbios 24:5, lbla

La información real, la información honesta y reforzada en valores nunca va a ser suficiente. Esta información no perjudicará de ninguna forma a nuestros niños y niñas, ni los movilizará a ser activos sexualmente antes de lo deseado o antes de tiempo. No se deje engañar por pensamientos equivocados sobre esta información. Recuerde que la información y el conocimiento son poder, y empoderar a su niño o niña con información adecuada no traerá ningún daño, no activará sexualmente al menor antes de tiempo ni tendrá consecuencias en el futuro.

La información real, la información honesta y reforzada en valores nunca va a ser suficiente.

Por el contrario, la información y los conocimientos que usted trasmita al menor, le permitirá tomar mejores decisiones basadas en lo aprendido en el hogar. Según muchos estudios los jóvenes que más han resistido a las drogas son aquellos que han obtenido información del tema desde pequeños; del mismo modo, las adolescentes con embarazos no deseados son aquellas que menos información han recibido en su hogar o centro educativo.[8]

Dios nos llama a capacitarnos en todas las áreas de nuestra vida. Si usted considera que no es la persona correcta para tocar estos temas en su casa es válido buscar ayuda, y es inclusive parte de ser responsable. Es necesario informarnos y estudiar sobre cualquier tema que el menor requiera para tener un crecimiento más enérgico; pero no está permitido quedarnos callados. En el momento que fuimos madres y padres aceptamos el reto completo; omitir información es como omitir un medicamento: perjudicamos al pequeño por nuestros temores. Si aun así usted no considera tener la suficiente información, se encuentra en el lugar correcto: vamos a aprender juntos a lo largo de estas páginas. Además, la Biblia nos enseña que, si pedimos sabiduría, Dios nos la dará sin reproche.

> Y si alguno de vosotros tiene falta de sabiduría, pídala a Dios, el cual da a todos abundantemente y sin reproche, y le será dada.
>
> —Santiago 1:5

La Biblia en varias ocasiones nos habla sobre el conocimiento, la corrección y la sabiduría. Vemos que Dios desea que aprendamos, nos informemos y busquemos la verdad. Sus hijos necesitan un padre y una madre informados, dispuestos a enseñarles sin temor. Si usted, lastimosamente, no lo hace, alguien más lo hará, y posiblemente no con sus valores.

Respire, tome fuerzas y refuerce su fe; ser padre es toda una aventura que debe disfrutar en cada detalle:

> Porque el Señor da la sabiduría; conocimiento y ciencia brotan de sus labios.
>
> —Proverbios 2:6, lbla

> El temor del Señor es corrección y sabiduría; la humildad precede a la honra.
>
> —Proverbios 15:33, lbla

> El sabio oirá y crecerá en conocimiento, y el inteligente adquirirá habilidad.
>
> —Proverbios 1:5, lbla

> El corazón del prudente adquiere conocimiento, y el oído del sabio busca el conocimiento.
>
> —Proverbios 18:15, lbla

> El corazón inteligente busca conocimiento, mas la boca de los necios se alimenta de necedades.
>
> —Proverbios 15:14, lbla

Etapas importantes en la sexualidad de los niños

Analicemos las etapas importantes en la sexualidad de los niños.

Cada una de las edades de los niños y las niñas son muy distintas. No solo la ropa y los zapatos se deben cambiar constantemente, sino también la forma en que nos comunicamos con ellos. Estas etapas se destacan por lo que preguntan, lo que piensan y lo que comienzan a comprender. Aquí se detallan algunas de las principales características de cada edad que debemos considerar al educar. Disfrutemos al máximo cada una de estas etapas[9]:

De dos a cuatro años:

A esta edad los niños comienzan a descubrir la diferencia entre los hombres y las mujeres únicamente a través de la observación. Verán que los hombres tienen pene y las mujeres, pechos y vagina. Esto viene como resultado de bañarse con los padres o verlos desnudos en algún momento.

A estas edades es común que les encante quitarse la ropa y andar desnudos.

Les llamará la atención que los hombres orinen de pie y las mujeres sentadas, ya que ellos estarán en el proceso de este aprendizaje, y notarán la diferencia.

Querrán conocer más a profundidad el cuerpo de mamá o de papá, donde el tacto, la observación y las explicaciones serán fundamentales. Recuerde ser honesto y simple en este tipo de preguntas, ya que provienen de una mente que no tiene aún información al respecto y sus primeras explicaciones se le quedarán al menos por un tiempo.

Los niños van a comenzar a explorar sus partes privadas sea públicamente o en privado. En este momento podemos enseñarles con amor a no hacerlo en público, de una manera que puedan comprender que es por un asunto de intimidad y no por represión. Ellos lo harán por inocencia, por llamar la atención o simplemente porque lo desean.

Ya conocen los pechos de la madre, así que tratarán constantemente de tocar el pecho de su madre o de otras mujeres; esto se debe a que tuvieron una buena experiencia que llegó a su fin, razón por la cual esta área del cuerpo les representará una atracción.

Harán muchas preguntas sobre su cuerpo o el de otras personas, principalmente cuando vean diferencias de raza, edades o aspectos físicos. Conteste de manera natural, sea coherente en sus observaciones e indíquele al niño que existen cientos de diferencias cuando se enfrenten a estas consultas.

De cinco a ocho años:

En esta nueva etapa veremos como la cantidad de preguntas incrementa. Los niños se vuelven más curiosos sobre el nacimiento de un bebé. La maternidad y el embarazo son temas difíciles de comprender para ellos. Para responder sus preguntas, utilice ejemplos prácticos. En caso de que haya un embarazo en casa, motive al niño a tocar con cuidado el vientre y sentir al nuevo bebé.

En esta edad los niños descubren el placer sexual de forma inocente; descubren que se pueden tocar sus genitales y sentir algo distinto a que si tocaran otra parte de su cuerpo. Esto no lo hacen con malicia, sino como autodescubrimiento y exploración de su cuerpo.

En estas edades vemos que comienzan a hacer amistades fuertes con niños del mismo sexo. Nacen los mejores amigos, así como las atracciones o rechazos por el sexo opuesto. Esto es muy común ya que muchos comienzan a sentir vergüenza de que se les diga que les atrae alguien del sexo opuesto, entonces lo reprimen al decir que no lo quieren o que les caen mal los otros niños.

Notaremos que comienzan a desarrollar algunos roles estereotípicos según su sexo: los niños quieren sentirse más fuertes y las niñas, por lo general, buscan cuidar o proteger a los más pequeños, por imitación de los roles de su madre y padre respectivamente. También a esta edad están más pendientes de lo que la televisión les dice que deben hacer y cómo deben actuar, por ello es normal que empiecen a imitar conductas que usted no enseñó en su hogar. Por esta razón es muy importante la supervisión de un adulto siempre que el niño esté expuesto al televisor o a la internet.

Es normal que indiquen que odian a personas de diferente sexo y no les gusta que se les obligue a jugar con su sexo contrario; esto se debe en muchas ocasiones a que comienzan a sentir atracción y les molesta. Como indicamos antes, lo desean reprimir porque están comenzando a sentir algo que no saben cómo se debe manejar.

Empiezan a descubrir su propia feminidad o masculinidad.

Empiezan a descubrir su propia feminidad o masculinidad.

Tienen bastantes preguntas, pero algunas ya les dan vergüenza hacerlas, por lo que hacen muy pocas para medir las reacciones de apertura que tendrá su madre o padre al tema. Ya a esta edad los niños son capaces de medir mejor las reacciones de sus padres y de decidir por ellos mismos si preguntan algo más o dejan ahí el tema.

Muchos se enamoran de alguna relación existente, como la novia de un primo, una amiga del hermano o la maestra, lo cual es un tema excelente que se puede aprovechar para educar sobre relaciones de parejas. Recuerde que ser simple ayudará al niño a comprender mejor.

Tratarán de mirar a otros cuando estén desnudos o desvistiéndose para aclarar sus dudas con respecto al cuerpo, ya que el de ellos mismos les intriga.

Comienzan a imitar comportamientos de pareja como besarse o tomarse de las manos, pero por lo general lo realizan con su padre y su madre o abuelos y tíos.

En ocasiones, muchos utilizan malas palabras que han aprendido de algún compañero en sus centros educativos —incluso cuando no comprenden su significado— para hablar de los órganos sexuales. Con esto pretenden medir el impacto en la familia y llamar la atención. La educación aquí es muy relevante: indíquele con autoridad al niño que en su hogar esas palabras no son permitidas y que a Dios no le agrada que se exprese de esa forma; converse con él sobre el motivo por el cuál utilizó esa palabra; y ayúdele a encontrar sinónimos que le sirvan para expresarse cuando desee hablar de ese u otros temas.

También veremos el típico juego de niños y niñas: "Te enseño lo mío y tú me enseñas lo tuyo", el cual nace por la necesidad de descubrir lo que hay debajo de la ropa de otras personas para verificar si es igual a lo de ellos. Tenemos que comprender que la exploración no está asociada con la malicia. Aquí el niño únicamente desea explicarse que es cada parte de su cuerpo y por qué existen diferencias.

De nueve a doce años:

A esta edad es normal que comiencen a tocar sus partes privadas a propósito en privado. Lo que busca el niño o la niña es descubrir cómo funciona esa parte íntima de su cuerpo y explorar lo que les hace sentir, y es cuando encuentran el clímax en la estimulación en lo que conocemos como masturbación. Es necesario que exista una educación previa sobre este tema como conversar en casa sobre el cuerpo, hablar sobre el cuidado que debemos tener con él según la Biblia, haciendo siempre referencia a que nuestro cuerpo es templo del Espíritu Santo como nos enseña 1 Corintios 6:19: "¿Acaso no saben que su cuerpo es templo del Espíritu Santo, quien está en ustedes y al que han recibido de parte de Dios? Ustedes no son sus propios dueños; fueron comprados por un precio. Por tanto, honren con su cuerpo a Dios".

El menor buscará tener más intimidad a la hora de vestirse, por lo cual comenzará a solicitar que los presentes salgan de la habitación para que no lo vean desnudo.

Es normal que en esta etapa ya no deseen hablar de todos los temas con sus padres, tendrán resistencia a hablar de temas sexuales, por lo que la educación anterior a esta etapa es bastante importante. Sin embargo, aún en estos momentos podemos comenzar a educar sobre estos temas.

Empiezan a aceptar que sienten una atracción fuerte por otros niños o niñas de su edad. Pero estas confesiones por lo general se las harán a otros niños o bien las anotarán en un "diario secreto", ya que no desean que nadie se entere.

También comenzará en las niñas el periodo o menstruación, y los niños tendrán sueños eróticos o eyaculaciones espontáneas entre otras señales de la madurez y cambios corporales que están comenzando a vivir. Esto los asustará ya que muchos no comprenden la razón de estas situaciones. Por ende, hablar de estos temas será primordial a esta edad.

Otro aspecto normal de la etapa llamada *preadolescente* es que se preocupan mucho si son considerados normales por los demás niños de su edad en aspectos como el tamaño de los senos, del pene, su estatura, su color de cabello, de piel, su contextura y demás. Iniciarán las comparaciones con sus compañeros, de manera que, para protegerlos de frustraciones, debemos educarlos sobre las diferencias físicas e inclusive materiales.

¿Qué hacer cuándo le pregunten?

¡No haga cara de jugador de póquer! La famosa cara conocida como "jugador de póquer" se refiere al semblante inexpresivo que ponen los jugadores del juego de naipes a media partida con el fin de no demostrar ninguna emoción. Nosotros como madres y padres debemos eliminar las barreras en la comunicación, mostrar una actitud receptiva hacia el tema que el niño o niña exprese e integrar esas preguntas como parte de una conversación normal. Responda a la curiosidad del niño con la verdad. No se deje llevar por lo que usted considera de la pregunta, sino más bien pregúntele al niño o a la niña: "¿Qué quieres decir?", o: "¿Puedes darme un ejemplo?". No trate de adivinar o suponer, lo cual podría ser un grave error.

Es importante consultar al menor: "¿Cómo crees que sucede?". Esta pregunta nos ayudará a medir la intención de la pregunta del niño y la razón de sus dudas y, así, basados en su inquietud, podremos trabajar en una respuesta más real, por medio de utilizar sus palabras.

Usted quizá no sabe la respuesta; por ende, puede pensar y decirle al niño o a la niña que investigará el tema, pero no puede atreverse a ignorarlo o a mentirle. Conteste con sinceridad, busque la forma creativa de expresarse y pida a Dios que le dé sabiduría para afrontar esta nueva etapa.

Cuando como padres reconocemos el valor de una respuesta honesta, estamos dando educación sexual de calidad.

¡La educación sexual YA comenzó!

La responsabilidad de la educación sexual no puede ser solo entregada a las instituciones educativas, usted es el responsable de lo que ese niño o niña está experimentando. Cuando como padres reconocemos el valor de una respuesta honesta, estamos dando educación sexual de calidad.

Si va a decir: "A mis hijos los educo yo", es momento de actuar, es momento de comenzar, porque las emociones, sentimientos y sueños de sus hijos no se detienen a esperar. No basta con llevarlos a la escuela a que aprendan, es nuestra responsabilidad motivar el diálogo y la reflexión.

Comience con temas y conversaciones simples, recuerde que toda conversación en casa debe estar basada en el respeto mutuo, y como padres y madres cristianos debemos promover los devocionales diarios para educar en la fe. Inculcar respeto, amor, compromiso y doctrina son el llamado y la responsabilidad que Dios nos ha dado. Motive al pequeño de la casa a dirigir una conversación, permita que se exprese y le exponga a usted lo que considera correcto e incorrecto, déjelo que aprenda con sus propias palabras. Dios le dará las herramientas que usted necesita, solo déjese usar y actué con amor con su pequeño.

Recuerdo las palabras del filósofo estadounidense John Dewey: "La educación no es la preparación para la vida. La educación es la vida en sí misma".[10]

Primer reto

Después de concluido este primer capítulo, haga una lista de los temas por conversar con su niño según la edad en que se encuentra. Medite en lo que le gusta y lo que no le gusta al niño para realizar esa lista. Piense en cuál es la mejor forma de crear un hogar de confianza para el menor y anote esas oportunidades de mejora. Reflexione en el mensaje que le está enviando a sus hijos y elimine todos los mitos que haya tenido antes. Planifique una cena familiar y cree un ambiente de confianza, juegue y disfrute el tiempo con el menor. Es un buen momento para comenzar a conversar con el niño sobre: "¿Qué sientes por nosotros?" "¿Cómo se siente cuándo nos abrazamos?".

—2—

LAS COSAS POR SU NOMBRE, APRENDAMOS HABLANDO

¿ESTO CÓMO SE LLAMA?

¿RECUERDA LA PRIMERA vez que fue a un centro infantil, primaria, jardín de niños, escuela, guardería o como le llamen en su lugar de nacimiento? Las expectativas estaban al máximo, muchos tuvieron miedo el primer día y lloraron desconsolados por ser dejados en ese lugar por sus padres con extraños. Les parecía imposible comprender por qué debían estar en ese lugar. Por otro lado, estábamos los que lloramos mucho, pero porque no tuvimos lecciones... Mi historia comenzó a los seis años cuando deseaba y soñaba con ir al famoso kínder. Pasado un tiempo llegó el ansiado momento, los uniformes, las meriendas, los útiles, todo estaba listo. Recuerdo que salí de mi casa creyendo que el mundo entero estaba pendiente de tal acontecer. Me despedí de todos en la comunidad como quien va de viaje a una premiación de artistas. Una vez en el centro infantil, mi mamá me dijo que no podía quedarme porque mi maestra no pudo estar presente. Mis lágrimas no cesaban. Yo quería estar ahí, así que fui parte de los niños que lloraban desconsolados. En ese momento no comprendía cómo aquella persona me había dejado plantada con tanta ilusión y por qué debía regresar a casa. Años después supe que mi profesora había sufrido la pérdida de un embarazo esa misma semana. Todos tenemos una historia que contar de cómo comenzó nuestro proceso escolar que jamás olvidaremos.

Cuando nuestros niños y niñas ingresan al centro infantil esperamos que aprendan lo correcto, que el esfuerzo de levantarse temprano todos los días y correr por estar listos a tiempo valga la pena y que ese niño regrese a casa cargado de nuevos conocimientos.

Nos encanta verlos aprender, escucharlos contarnos lo que saben y sentir que el esfuerzo está rindiendo fruto. ¿Se imagina que su hijo llegue a casa y diga que no ha aprendido nada? ¿Ver que el tiempo avanza y que sin importar el esfuerzo y el dinero invertido el niño siga diciendo que no aprendió nada nuevo? Creo que eso podría llegar a frustrarlos a usted y al niño. Usted como padre o madre hace su mayor esfuerzo para darle una educación de calidad, ayudarlo con las tareas y se levanta temprano cada día para llegar a tiempo y espera que el profesor haga su parte. Es ahí donde me surge la pregunta: ¿Qué está haciendo en su hogar para contribuir con la educación del menor? Aquí no me refiero a lo mencionado antes de correr a alistarlos, me refiero a sentarse con el niño, compartir con él, educarlo, explicarle, contarle, preguntarle y asesorarle.

Imagine por unos instantes lo siguiente: la profesora les indica a los niños que es el día de aprender los nombres correctos de los animales, les muestra una fotografía y les dice: "Esta es la jirafa, este es el león y este de aquí es el perro". Pero como su hijo tiene un perro en casa llamado Oso, decide que el animal se llama Oso, al igual que el perro de su casa. El niño insiste en clase en que el perro se llama Oso y la maestra decide aceptarlo. Llegado el examen el niño indica que el animal no es un perro, sino un oso, y la maestra lo califica como correcto. ¿Está educando correctamente? ¿Quiere usted que su hijo crezca con conceptos equivocados solo por no corregir sus divertidas ocurrencias? Este es un ejemplo sano que sabemos no afectará con el pasar del tiempo, pero ¿qué ocurriría si un profesor de matemáticas aceptara ocurrencias?

Cuando su niño y niña le pregunten: "¿Esto cómo se llama?". Dele los nombres correctos; llame cada cosa por su nombre y explique de ser posible en qué consiste lo que el niño pregunta. Por ejemplo, si pregunta por el nombre de un vehículo dígale: es un vehículo —automóvil o coche, como le llamen en su país— y funciona para que podamos transportarnos, ir adonde tu tía o a estudiar. No sea cortante, dedique tiempo de calidad.

Tenga presente que usted es el maestro que su niño tiene como principal fuente fidedigna, a quien obedecerá a ciegas. Usted como maestro será el encargado de brindar conocimiento y sabiduría al pequeño, a la vez que satisface su curiosidad.

Usted es el maestro que su niño tiene como principal fuente fidedigna.

El conocido político y polímata Benjamín Franklin, mencionó una frase que como padres debemos grabar en nuestra mente cada día, la cito: "Dime y lo olvido, enséñame y lo recuerdo, involúcrame y lo aprendo".[1]

Cuando hablamos marcamos algunos puntos clave en la mente del menor, sobre todo a cortas edades. Cuando enseñamos cómo se pesca estamos generando recuerdos, pero cuando los ponemos a pescar lo aprenderán de por vida. Recuerdo cuando comencé a andar en bicicleta, sin las rueditas extras, me balanceaba de un lado a otro y siempre estaba ahí alguien para evitar que me cayera, pero para aprender a usarla no había otra forma de hacerlo que estar arriba al volante. Valoremos en casa siempre que sea posible dar lecciones o enseñanzas prácticas, o comunicarnos en dos vías; intentemos no caer en el pecado de convertir una lección en un monólogo, existen cientos de cuentos y dibujos que le pueden ayudar a reforzar las enseñanzas de sexualidad.

NATURALIDAD: PALABRA CLAVE

Qué bonito es rodearse de gente que dice lo que piensa y siente, esa gente nos alegra el día y nos regala siempre nuevos conocimientos. Cuando conocemos a alguien, por lo general, como seres humanos que somos buscamos aprender algo nuevo; cuando salimos de viaje buscamos conocer nuevas culturas; y cuando entramos a la universidad deseamos aprender aquello que nos apasiona. El niño en su casa siente todo eso a la vez: siente que está descubriendo nuevas culturas, aprendiendo cosas nuevas y naturalmente está apasionado por la vida y salir a experimentar.

El niño en su casa siente todo eso a la vez: siente que está descubriendo nuevas culturas, aprendiendo cosas nuevas y naturalmente está apasionado por la vida y salir a experimentar.

Tome un momento y medite sobre un día común en su casa; piense cómo es el diálogo que existe entre usted, su hijo y las demás personas que viven en su hogar. Con nuestra comunicación estamos creando nuevos conocimientos y conceptos en el cerebro de ese niño.

Cuando conversamos en casa no debemos buscar la forma de ocultar u omitir alguna palabra, sino más bien, debemos buscar la forma de hablar con naturalidad. Es muy común escuchar: el pipi, la cosita, el chunchito y muchos términos más para referirse al pene. ¿Qué tiene de diferencia decir pene a decir televisor o a decir ojo? Pues la única diferencia está en la mente de quien lo dice o lo escucha, y nuestros niños no están aún contaminados con las constantes comunicaciones sexuales que les rodean. Así que la cabeza del niño podrá descifrar la palabra pene cuando usted se la indique como algo natural, tal como debe ser.

Cuando los niños están pequeños no poseen la malicia que nosotros ya como adultos tenemos. Es por esta razón que decir el nombre real de cada cosa para el niño será transparente.

Si usted se pone a reflexionar, notará que las malas palabras nunca están compuestas de palabras reales, nadie dice vagina para referirse a una mala palabra, sino más bien utilizan otras expresiones grotescas para referirse a los órganos genitales. Lo cual significa que si usted considera que decir pene, vagina o testículos es ser descortés, pues está equivocado, mi amigo o amiga. Cuando nos referimos a las cosas por su nombre, estamos hablando correctamente nuestro idioma, estamos trasmitiendo un mensaje claro y no ofendemos ni mal educamos a nadie.

Nosotras las mujeres cuando experimentamos la menstruación, vivimos otro tema caótico, pero a la vez inolvidable, por lo tanto, la niña debe estar entendida en el tema. La intimidad en estos momentos es transcendental. Aquí la figura materna o la figura femenina más cercana a la niña será clave para afrontar esta situación, ya que la niña copiará los patrones que aprenda en casa y se expresará de forma correcta o incorrecta según se le enseñe. ¿Cómo le llama en casa a la menstruación? ¿Es necesario cambiarle de nombre? Debemos eliminar el tabú de que este no es un tema del cual hablar. He escuchado a mujeres adultas decir suavecito: "Es que tengo dolores de aquello". ¿Es acaso un pecado? Si todos sabemos que la menstruación es algo natural, entonces debemos hablarlo de igual forma. No estoy diciendo con esto que toda la comunidad laboral se entere mes a mes de que estamos menstruando, estoy diciendo que no es un tema del cual sentir vergüenza o esconderse. Como adultos sabemos manejar límites. Si siente que es posible que se le haya ensuciado el pantalón es natural inclusive consultar a un amigo o compañero. Nadie la va a juzgar por eso. Como mujeres debemos desentendernos del temor de esconder aquello que es tan natural como la vida misma. Conversar con su hija sobre la menstruación la empoderará en el momento que llegue su período por primera vez e inclusive tendrá la confianza suficiente para afrontarlo positivamente y sin temores.

Como dijo una vez el escritor y diplomático Frederick Douglass: "Es más fácil criar niños fuertes que reparar hombres rotos".[2] Medite en hacer las cosas desde ahora, el tiempo de educar es este y el momento de criar a su hijo es hoy.

ES IMPORTANTE CÓMO SE HABLA

Yo soy costarricense y en mi país tenemos una palabra muy utilizada por todos, la palabra es *diay*. Nos encanta decir: "Diay, ¿cómo estás?", o: "Diay no vino", o darle usos similares dentro de muchas frases y expresiones. Pero cuando viene algún extranjero y nos consulta qué significa nos cuesta muchísimo explicarlo. Lo que hacemos es dar ejemplos de expresiones y para explicarla comenzamos a decir: "Diay, significa como diay". O sea, la usamos hasta para explicar su significado.

Es normal y natural que en nuestros países tengamos expresiones diferentes y palabras muy propias de cada cultura, palabras que enseñaremos a nuestros hijos como parte de su léxico diario, y ellos a la vez lo harán con sus hijos. Sin embargo, tenemos que ser conscientes de que esas palabras no sustituyen el nombre correcto de las cosas en nuestro idioma español.

Recuerdo que tenía una profesora de francés que realizaba intercambios. En una ocasión tuvimos a un joven francés que solo había aprendido el lenguaje básico y correcto del español. En medio de un viaje vio en las montañas una yegua y quiso hablar de lo que veía, pero su léxico no estaba completo y dijo: "Miren, un *caballo señorita*". Todos comenzaron a reír. El joven logró comunicarse y fue comprendido, y la profesora dijo: "Se dice yegua". Pero alguien más agregó: "Lo importante es que se dio a entender".

Como se nos ha dicho que lo importarte es que se entienda, escuchamos que padres y madres le llaman *agu* durante un tiempo al agua —porque su hijo así le dice— en lugar de practicar con el menor la palabra correcta.

Cuando hablamos de educación sexual no podemos decir: "Lo importante es que se entienda". Imagine que su hijo es víctima de agresión en la escuela, que otros niños le hacen acoso (*bullying*) y que el niño intenta comunicarse con usted, pero que no le es posible por la falta de recursos para expresarse. Necesitamos que el niño aprenda a comunicarse desde pequeño, por eso es necesario hablar claro, de manera correcta y en el momento en que llega la consulta; no después, ya que no tendremos una segunda oportunidad para dar una primera buena impresión ante nuestros hijos en cuestiones de aprendizaje.

¿Qué, cómo y cuándo?

Muchos llegamos a creer en algún momento que la forma en que nos comuniquemos con el pequeño de la casa no es relevante porque no nos están comprendiendo y que es mejor esperar a que crezcan para explicarles ciertos temas. Creemos hacer lo correcto sin informarnos acerca de las cosas que tiene necesidad de aprender el pequeño.

Mateo 19:14 es un versículo que nos habla de esto: "Pero Jesús dijo: Dejad a los niños venir a mí, y no se lo impidáis; porque de los tales es el reino de los cielos". El mismo Jesús sabía lo importante que es que los niños también puedan escuchar su mensaje. Jesús tenía la capacidad y habilidad de sentarse en un monte y hablarle a desde niños hasta políticos de su época, y lograr que todos comprendieran su mensaje.

La psicóloga, educadora y pedagoga, María Montessori, dijo en una ocasión: "Siembra en los niños ideas buenas, aunque no las entiendan [...] los años se encargarán de descifrarlas en su entendimiento y de hacerlas florecer en su corazón".[3] Yo creo que tenía razón, los niños aprenden de muchas formas, llámense palabras, enseñanzas, acciones o ejemplos, y desde muy pequeños nos están observando. Estuve hace poco con una niña de dos años jugando con su cocinita de plástico a cocinar sopa invisible. Ella intentaba cerrar la cocinita, pero no funcionaba, entonces la sostenía mientras jugaba. Cuando llegó mi turno, ella vio como yo sí cerré la cocina y después la abrí. Como noté que me observaba decidí hacerlo una vez más. Regresé a verla un par de semanas después y ella aún seguía cerrando aquella cocina como le enseñé. Nos están observando.

Vivimos tiempos convulsos en los que la televisión, la política, la sociedad y todo lo que nos rodea constantemente ataca nuestros principios cristianos. Colman McCarthy (escritor estadounidense) dijo: "A menos que enseñemos a los niños la paz, alguien más les enseñará la violencia".[4] Tristemente vivimos en un mundo que sí está pendiente de la información y educación de nuestros hijos. No por casualidad existen cientos de fábulas donde vemos inclusive niños siendo agresivos y desobedientes con sus padres como parte de un momento divertido. Si no estamos enseñando de manera constante, la educación externa se adueñará de ese territorio y será más difícil corregirlo.

Yo trabajo en comunicación de marcas, soy profesional en *marketing* digital y comunicación publicitaria. En una ocasión escuché una teoría de productos llamada "el círculo de oro".[5] La idea general era, ir de adentro hacia fuera. Comenzar por medio de identificar qué siente, anhela y desea el consumidor, para luego pasar a lo externo como es el color, tamaño, sabor, etiqueta, entre otros. Al meditar en "el qué, el cómo y el cuándo" recordé esta teoría. Debemos comenzar por investigar y analizar qué siente, qué piensa, qué desea y con qué sueña el menor, para después pasar a aspectos más superficiales. Cosa que muchas veces hacemos al revés.

A continuación, quisiera que analicemos un poco algunos puntos básicos que los niños estarán en capacidad de comprender y conversar en los rangos de edad presentados, esto nos ayudará a identificar posibles temas de comunicación en casa[6]:

De dos a cuatro años:

- Los niños y las niñas son distintos físicamente.
- Aprender los nombres correctos de las partes íntimas: las niñas tienen vagina, los niños tienen pene, la mamá tiene senos, el papá tiene testículos.
- Podrán observar y vivir (de ser el caso) el embarazo de su mamá y el nacimiento de un nuevo miembro en el hogar, lo cual comenzará a generar preguntas en ellos que más adelante harán. Descubrirán que los bebés vienen del vientre de la mamá e inclusive podrán besar el vientre de su madre.
- En esta edad, usted podrá poner reglas claras sobre el comportamiento general: mantener cubiertas las partes privadas del cuerpo y no tocar las de otro niño.
- Es momento brindar respuestas simples y honestas a cualquier pregunta que genere el niño en esos momentos. Por lo general, serán muy básicas: de estilo de vida o funciones de las cosas.
- Eduque al niño a no permitir que un desconocido toque su cuerpo.
- Enfatice que su cuerpo es propio, nadie debe obligarlo a realizar algo que no desee.

A esta edad lo primordial son los ejemplos, la paciencia y el amor para enseñar. Mahatma Gandhi dijo: "A los niños, antes de enseñarles a leer, hay que ayudarles a aprender lo que es el amor y la verdad".[7]

Entramos a la simpática y divertida edad de cinco a ocho años:

- El cuerpo del niño irá cambiando conforme avancen los años, el niño comenzará a notarlo y lo intrigará.
- Los niños se enfrentarán al crecimiento de un bebé en el vientre de su madre, por lo que será necesaria una explicación sencilla del proceso de embarazo y nacimiento.
- Recuerde volver a instaurar las reglas sobre límites personales al igual que en la etapa anterior: no andar con sus zonas íntimas descubiertas y no tocar los genitales de otro niño.
- El menor comenzará a sentir sensaciones a la hora de tocar su cuerpo y entrará en una etapa autoexploratoria que es distinta a la masturbación.
- El niño comenzará a reflejar sus gustos y preferencias, o disgustos por alimentos y actividades. Por eso el escritor Jean-Jacques Rousseau dijo: "Lo que uno ama en la infancia se queda en el corazón para siempre".[8] Así que la enseñanza bíblica, basada en los valores y principios cristianos no debe faltar en ninguna de estas etapas.

La etapa de nueve a doce años es un nuevo reto que afrontar:

- Viviremos desafíos como enfrentarse a la pubertad, a la menstruación, sueños eróticos (sí, a esta edad los niños podrían experimentarlos como mencionamos antes).
- En esta etapa se requiere brindar y conversar sobre una información más detallada de la reproducción sexual, el embarazo y el parto.
- Algunos niños también deberán conocer sobre los riesgos asociados a la actividad sexual: enfermedades, embarazo. Hay niños que comienzan su actividad sexual desde los once años, quizá usted piense que son otros niños, pero esos otros niños podrían estar sentados al lado de su hijo en la escuela.
- Comience por brindar información básica sobre métodos anticonceptivos. No debe ser muy insistente en el tema si no lo desea. Recuerde que como cristianos creemos en educar

sobre la abstinencia hasta el matrimonio, lo cual es lo ideal y lo que vamos a reforzar mayormente en ellos. Sin embargo, el menor podría preguntar sobre lo que ha escuchado de condones, pastillas y demás métodos, y usted como padre deberá estar preparado para responder de manera real.

- Podría enfrentarse en esta etapa a consultas sobre la masturbación; sea que el niño haya escuchado sobre el tema o esté considerando realizarlo. Aquí entrará mucho en juego su inteligencia emocional. Explíquele al menor de manera sencilla conforme a su edad las consecuencias del hecho y las posibles secuelas que esto le pueda generar a futuro. Además, recalque en el menor la importancia de guardar su santidad, ser obediente a la voluntad de Dios y practicar el dominio propio al cual somos llamados.

Recordemos que: "El niño es como un barro suave donde puedes grabar lo que quieras [...] pero esas marcas se quedan en la piel [...] Esas cicatrices se marcan en el corazón [...] Y no se borran nunca", cita de la autora Zenaida Bacardi de Argamasilla.[9]

Temas tan profundos como: anticonceptivos, aspectos legales, orientación sexual, relaciones entre iguales, entre otros, son asuntos que podemos tocar más adelante cuando las bases sean las correctas. No podemos confundir a los niños al tocar cientos de temas a la vez o al tratar de hablar de lo que nosotros consideramos más importante. Usted es su maestro, debe enseñarle primero el abecedario antes de enseñarlo a escribir una novela.

Es muy importante, en cada una de las etapas, que como padres responsables podamos transmitir claramente que las relaciones sexuales son exclusivas para los adultos casados, y en caso de que los niños deseen más información, recalcarles que las relaciones sexuales nunca son ni deben ser bajo presión, obligación o amenaza.

¿Qué debo evitar decir a mis hijos?

Todos queremos lo mejor para nuestros niños, y no está leyendo este libro por casualidad. Existen muchas frases o comentarios que no contribuyen con el vínculo afectivo con nuestros hijos.

Recuerde que estamos trabajando en criar niños más seguros, con autoestima alta y capacidades múltiples. Es necesario que cambiemos nuestros comentarios y frases negativas, a afirmaciones positivas; no vea el vaso medio vacío sino medio lleno. El creativo, orador y escritor británico, Ken Robinson, dijo en una ocasión: "Todo niño es un artista, porque todo niño cree ciegamente en su propio talento. La razón es que no tienen ningún miedo a equivocarse [...] Hasta que el sistema les va enseñando poco a poco que el error existe y que deben avergonzarse de él".[10] Permita que sus niños tengan las herramientas para trabajar en su talento, y no las palabras incorrectas que los derroten.

Permita que sus niños tengan las herramientas para trabajar en su talento, y no las palabras incorrectas que los derroten.

Es normal equivocarnos en este proceso; como padres también estamos en un proceso de aprendizaje constante. Debemos educar con amor, reforzar los puntos fuertes de los niños y si nos equivocamos o les decimos algo hiriente, actuar como adultos responsables y pedir disculpas.

Aquí le comparto algunas frases que cientos de especialistas han aconsejado quitar de nuestro vocabulario cuando hablamos con niños; aunque en la educación no existe una fórmula mágica, si existen métodos correctos de comunicación. No se deje llevar por el estrés o la situación que lo agobia en el momento; los problemas laborales, de pareja y económicos son los más comunes. Respire profundo, cuente hasta diez y avance en su día. No se permita explotar con quien no tuvo la culpa, porque esa personita pensará que sí lo fue. Entendamos lo siguiente: "El espíritu infantil no es un vaso que tengamos que llenar, sino un hogar que debemos calentar" (Plutarco, historiador griego).[11]

"Deberías ser como tu hermano"

Con esta frase le estamos enviando el mensaje equivocado al niño de que su hermano es mejor que él, y vamos a ocasionar inclusive rivalidad entre ellos. Los hijos menores tienden a admirar a los mayores porque los ven como los grandes que ya pueden realizar muchas más acciones. Cuando decimos este tipo de frases creamos en la mente del menor la idea de que nunca podrá ser como su hermano. En ocasiones también cometemos el error de compararlos con un primo, un amigo, un conocido u otro personaje: "Ojalá mi hijo fuera como fulanito". Muchos padres creen que con esto lograrán que el niño obedezca o se sienta tentado a obedecer como aquel otro; sin embargo, estas frases solo ocasionan problemas a futuro en la autoestima del menor. El niño creerá que usted prefiere al otro niño en su lugar.

"Cuando yo tenía tu edad era más…"

No vivimos en la misma época de nuestros hijos, y la verdad es que no recordamos a cabalidad lo que hicimos a esas edades. Aunque queramos desafiarlos; no es la forma correcta de realizarlo, ya que el resultado común de compararnos con nuestros hijos es que los hacemos sentir inferiores.

"Eres igual a…"

Esta frase por lo general la utilizan más los padres para comparar al niño con su pareja o expareja. Es de mucho cuidado decir esto, ya que según el tono y lo que diga a continuación, podría hacer creer al niño que parecerse a su mamá o papá es algo negativo. Si usted está pasando por una situación de divorcio, por más dura que haya sido o esté siendo la ruptura, no diga ningún comentario negativo a los niños sobre su papá o mamá. Es necesario alejar al niño del conflicto y hacerlo sentir seguro en medio de lo que está viviendo.

"¿A quién quieres más?"

Piense por unos instantes qué respondería si sus hijos le preguntaran: "¿A cuál hijo quieres más?". Creo que usted no sería capaz de responder que tiene algún favorito. En mi casa, de adolescentes, molestábamos a mis papás con este tema. Fuimos cuatro hermanos y todos crecimos diciendo que nuestros padres tenían sus favoritos. Un día mi mamá para evitar que el tema continuara comenzó a decir que no había ningún favorito, sino mayor afinidad. Sucede lo mismo con el niño cuando le preguntan: "¿Quieres más a papá o a mamá?". Se siente mal de tener que realizar una elección ya que él considera que es algo real. No permita tampoco que ningún familiar lo presione por medio de realizar este tipo de comentarios.

"Cuando lleguemos a casa me las pagarás", o: "Ya verás cuando llegue tu papá o tu mamá"

Ambas frases están sujetas a la imaginación del menor; por ende, usted no podrá controlar lo que piense o lo que llegue a sentir. El menor vivirá asustado de dos cosas prioritarias en su vida: su hogar y sus padres. Si usted es la madre no diga: "Le diré a tu padre". Y si usted es el padre no diga: "Le diré a tu madre". Con esas frases estamos reconociendo que es el otro padre el que tiene la autoridad y no nosotros ante aquella situación.

"Si te portas mal, te voy a regalar", o: "Ya no te quiero porque te portaste mal"

Con este comentario el niño pasará un tiempo asustado, con dolor, sentimientos encontrados y pensará que cuando cometa algún error ya no será digno de recibir el afecto de sus padres. Estamos condicionando el amor y la aceptación, lo cual podría generar sentimientos de inseguridad el niño. Ni siquiera Dios nos condiciona su amor a pesar de nuestras fallas; hemos sido, y continuamos siendo, perdonados.

"No debes llorar por todo"

Debemos dejarles claro a los niños que cuando requieran apoyo estaremos ahí, no importa cuántas veces sea necesario. Quizá no nos parezca relevante su problema ni tan grande como el niño lo ve, pero lo primordial aquí será el apoyo, la confianza y la comprensión. El niño o la niña no debe reprimir sus emociones ni sentimientos solo porque creemos que la situación no es relevante. Por ejemplo, cuando un niño se golpea, como padres no podemos decirle: "Levántate, no pasó nada". Debemos apoyarlo y en caso de que no sea nada grave, decirle que lo vamos a revisar y después le indicamos que gracias a Dios no le ocurrió nada. Inclusive algunos padres de niños varones les dicen: "Pareces una niña llorando por todo". Creen que están forjando carácter cuando en realidad están inculcando ideas erróneas y machistas en el desarrollo emocional del niño.

"Si sigues llorando te pego"

Lo primero que debemos hacer es tratar de consolar al pequeño; ellos no saben que se están ahogando en un vaso de agua. Los castigos físicos nunca son la solución correcta; no podemos educar a través de violencia. Usted debe ser su ejemplo, no un ser lejano que solo infunde miedo.

"Cuando te portes bien, te daré un regalo"

Los niños deben comportarse bien por obediencia y no por recompensa. Imagínese qué pensará el niño más adelante con respecto a su relación con Dios. Estaríamos criando hombres y mujeres que no hacen favores si no obtienen algo a cambio. Recuerdo la frase del filósofo y matemático griego Pitágoras: "Enseña a los niños y no será necesario castigar a los hombres".[12]

"Deberías sentir vergüenza"

Esto no es correcto, ya que genera dos factores muy fuertes en el menor: vergüenza y humillación. Sentirá que no merece que le presten atención y esto podría generar que se cohíba más adelante.

"Me estás volviendo loco", "Estoy harto"

¿Es necesario pasar nuestra ansiedad a los niños? Como adultos debemos buscar la mejor forma de canalizar nuestros temores, nuestras frustraciones y demás emociones por otro medio. El niño o niña creerá que es la razón de nuestra neurosis; recuerde que ellos por naturaleza son intensos. Los niños sienten tanto amor y admiración por usted como padre que creerán cada una de estas palabras.

"Si no lo haces te castigo", o: "Se hace porque yo lo digo y no se discute"

¿Se ha puesto a pensar en otra manera de solicitar al menor que cumpla sus quehaceres? Si reflexionamos, lo estamos instruyendo a pedir las cosas a la fuerza, y esto podría causar que el niño intente utilizar la violencia en su centro educativo. Es importante explicarle al menor por qué deseamos o necesitamos que realice la tarea solicitada; así comprenderá que existe un propósito detrás y lo realizará con mayor entendimiento. Vemos como en Juan 14:23 la Biblia nos enseña: "El que me ama, mi palabra guardará; y mi Padre le amará, y vendremos a él, y haremos morada con él". Dios nos enseña a obedecerlo sin cuestionar, pero nos da una clave: si lo amamos lo obedecemos. Enseñemos educación en casa basada en amor, en fe, en confianza en la autoridad.

"Deberías de callarte", o: "Es que hablas mucho"

Papá o mamá, aunque el niño o la niña hable mucho, es parte de su tarea como custodio del menor escucharlo, notar cualquier anomalía y ayudarle a expresarse de la mejor forma. Si su pequeño habla mucho quizá un día sea un excelente orador. Recuerdo que entre mis ocho y doce años siempre recibí bajas calificaciones de conducta con la observación: "Habla mucho". Años después vi a una profesora de aquellas épocas y conversamos bastante, le dije: "Sabe, estudié comunicación, trabajo en un medio de comunicación y me encantan los idiomas, creo que por eso hablaba tanto". En mi familia incluso me hacían bromas porque aprendí a hablar hasta en lenguaje de señas. Deje que el menor se exprese, su responsabilidad es guiarlo no censurarlo.

"Tus preguntas son muy tontas"

Siempre hemos escuchado que no existen las preguntas tontas, y cuando hablamos de un niño mucho menos. A los niños les encanta preguntar cualquier detalle: ¿Qué es eso? ¿Cómo funciona? ¿Por qué? Y nuestra tarea es contestar absolutamente todas las dudas que tengan.

"Eres un niño malo o una niña mala"

Que el menor cometa una mala acción no lo hace ser un mal hijo. Deje claro esto a la hora de reprenderlo. Decirle: "Lo que hiciste no estuvo bien", es muy distinto a: "Eres una mala persona por lo que hiciste".

"Nunca debí haberte tenido"

Sin importar que usted esté pasando por el máximo nivel de estrés o atravesando una situación muy dura, nada justificará estas palabras. Esta frase podría generar a futuro una depresión en el menor y conductas agresivas por no sentirse amado por sus seres queridos más importantes.

"Haz lo que quieras"

Como padres pensamos que el menor entenderá esto como una amenaza y decidirá hacer lo correcto como por arte de magia. Pues la realidad es que el niño creerá que a usted como padre no le interesa lo que pase con él. Recuerde que para los niños usted es sinónimo de protección, por lo cual necesitan que usted los guie en sus decisiones, por más simples que parezcan.

Para los niños usted es sinónimo de protección, por lo cual necesitan que usted los guie en sus decisiones.

"Todo lo haces mal", o: "Eres muy tonto", o: "Así no llegarás a ser nadie"

Cuando un padre dice algo similar, el menor creerá que todo aquello que ocurra será su culpa, no entenderá que las cosas pueden salir mal, pero que debemos salir adelante e intentar corregirlas. Evite a toda costa siquiera insinuar este tipo de frases, esto es agresión psicológica al menor que podría afectarle durante su vida.

Muchas veces los padres caemos en el error de castigar a los niños por bajar sus calificaciones en lugar de revisar que fue lo ocurrido. Si los niños pierden la confianza para hablar de sus calificaciones o problemas de aprendizaje será muy complicado que se dejen ayudar, ya que su confianza se verá dañada.

¿Qué debo reforzar en mi hijo?

Por otro lado, tenemos aquellas frases que debemos reforzar en nuestros menores. La reafirmación positiva junto con motivarlo en sus virtudes es clave en el crecimiento y desempeño del niño. Cuando usted habla positivamente, su hijo comprende que existe un vínculo de admiración y respeto por sus aptitudes o sus actitudes y esto fortalecerá su relación. Existen comentarios, frases y conversaciones que podemos tener con nuestros niños que harán de sus días momentos más especiales. Hagamos que nuestros niños sientan ese espacio importante que tienen en nuestro hogar y en nuestro corazón. No caigamos en hablar con ellos únicamente cuando cometan un error, sino sentémonos a conversar también de aquellas cosas positivas que admiramos, sentimos y amamos de ellos.

Compartiré unas frases que son importantes en el crecimiento del niño. No es necesario decirlo todo el mismo día, pero sí ser constantes.

- Te amo. Te amo, así como eres. No cambiaría nada de ti. Sin importar lo que ocurra siempre te voy a amar. Eres muy especial para mí.
- Creo en ti. Confío en ti. Pase lo que pase confiaré en ti. Eres muy inteligente y te admiro.
- Respeto lo que piensas. Quiero saber qué piensas. Me encanta escuchar lo que piensas.
- Siempre te voy a cuidar y proteger. Si algo ocurre yo te cuidaré, no importa que pase. Estoy aquí para cuidarte siempre.
- Puedes alcanzar cada uno de tus sueños. Eres capaz de cumplir tus metas. No importa cuántas veces lo intentes, yo te apoyaré. Puedo apoyarte si quieres y explicarte lo que necesites. Te puedo acompañar y ayudar en tus metas.
- Soy feliz de tenerte en mi vida. Me haces feliz. Cuando te veo mi corazón sonríe. Cuando estoy contigo me siento muy feliz. Contigo siempre me siento bien.
- Siempre le doy gracias a Dios por ti. Siempre anhelé tenerte conmigo. Eres lo que siempre le pedí a Dios. Doy gracias a Dios porque seas parte de mi vida.
- Oremos juntos. Pidamos a Dios que siempre te bendiga. Oremos porque siempre seas feliz. Demos gracias a Dios

porque estamos juntos. Oremos porque siempre tomes buenas decisiones.

- Muchas gracias por hacerme el favor. Te doy gracias por siempre ser tan obediente. Gracias por esforzarte tanto en tus calificaciones, te felicito. Gracias por hacerme sentir tan orgulloso de que seas mi hijo. Gracias. Te felicito. Te admiro.
- Podrías hacerme un favor. Por favor pásame un libro. Te pido las cosas por favor porque te respeto.
- Desde antes de conocerte pensaba en ti. He pensado mucho todo el día en ti. Me encanta poder verte, ya que pasé el tiempo pensando en ti en el trabajo. Te extrañé todo el día. Disfruto mucho tu compañía.
- Hagámoslo juntos. Cocinemos juntos. Juguemos juntos. Estudiemos juntos. Desayunemos juntos. Leamos la Biblia juntos. Oremos juntos. Divirtámonos juntos. Pintemos juntos. Pasemos tiempo juntos. ¿Qué quieres que hagamos juntos?
- Me gusta cómo me haces sentir. Me encanta cuando compartimos. Me encanta cuando me cuentas tu día. Me gusta como sonríes. Me hace feliz verte feliz. Tus dibujos me hacen feliz. Me encanta escucharte contar tus historias.
- Cuéntame sobre tus amigos. Quiero que me cuentes sobre tu día. Cuéntame sobre tu clase. Cuéntame de tus maestros. Cuéntame qué aprendiste nuevo.

Segundo reto

Como segundo reto pregúntese qué está haciendo en su hogar para educar en sexualidad a sus hijos. Medite sobre cómo es un día común en casa: piense en los diálogos que realizan, reflexione sobre las frases y el lenguaje que utiliza, detecte el lenguaje negativo y propóngase eliminarlo, detecte también las frases positivas y refuércelas. Medite sobre qué pensará el niño más adelante con respecto a su relación con Dios. Como actividad propóngase pasar un día con los niños. Hagan juntos lo más que se pueda: la cena, la lectura bíblica, la oración, los pasatiempos y demás actividades. ¡Anótelo en la agenda de su corazón! Y hoy comprométase con el niño de palabra, así no podrá posponerlo.

—3—

ASÍ TE CREÓ DIOS: CONSTRUYAMOS IDENTIDADES

Antes de formarte en el vientre, ya te había elegido; antes de que nacieras, ya te había apartado; te había nombrado profeta para las naciones.

—Jeremías 1:5, nvi

Como personas de fe nos vemos motivados a hablarles a nuestros hijos desde muy pequeños de los valores cristianos y los principios bíblicos. Los temas formativos como las mentiras, robar, enojarse y decir malas palabras son los más comunes que tratamos en nuestro hogar, aportando a la educación del día a día.

Los niños o las niñas deben tener claro desde pequeños que han sido creados por Dios, y que desde que estaban en el vientre de su madre ya Dios los tenía apartados para obedecer su voluntad y bendecirlo. ¿Le ha contado usted a su hijo cómo fue el momento de su nacimiento? ¿O ese primer momento en que se conocieron? Conversar en casa sobre el inicio de nuestra relación padre/hijo favorecerá que el niño sienta empatía hacia ese momento y, por ende, apreciará la estrecha relación que existe entre ustedes dos.

Entonces, debemos trabajar en reforzar en el niño o la niña la identidad correcta: eres creado por Dios para cumplir su propósito en tu vida, tienes una vida llena de propósitos y Dios los cumplirá siempre y cuando tú quieras y estés dispuesto a obedecerlo.

Cuando hablamos de propósitos, debemos reforzar en el niño este tema. Todos venimos al mundo con un propósito, no llegamos por casualidad ni nacimos en ese hogar, ese país y ese momento de la historia por una eventualidad. Busque pasatiempos o situaciones que usted note que llenan de pasión al niño y hable con ejemplos simples sobre el propósito. Por ejemplo: "Te encanta ayudar a hacer la cena, un día prepararemos comida en casa y la iremos a repartir a las personas que viven en la calle, para que sean tan afortunados como nosotros de poder cenar". Motívelo a realizar aquello que disfruta para también ayudar a otros; enseñe con el ejemplo sobre su propósito de vida; los niños a corta edad aprenden a compartir, obsequiar y ayudar.

Cuando hablamos de construir identidades debemos ir mucho más allá de un tema estrictamente sexual. Al construir nuestra identidad involucramos nuestra área espiritual y emocional. Al trabajar en la identidad del niño, debemos ayudarlo a reforzar su personalidad, fortalecer sus virtudes y aportarle conocimientos para que pueda cumplir su propósito y crecer conforme a la voluntad de Dios. Refuerce en el niño la idea de que cuando nos amamos a nosotros mismos las cosas fluyen por sí solas; nuestro cuerpo, alma y espíritu se alinean y todo funciona. Para lo cual es clave que el menor acepte quién es como persona. El niño se encuentra en una etapa muy sensible y capta todo lo que escucha como una realidad. Enséñele que lo que otros digan de él no tiene por qué ser verdad; no debe aceptar todo lo que le digan como cierto; él puede crear su propio camino.

Todos hemos pasado por momentos de prueba, momentos complicados, que incluso nos hacen dudar de nuestra fe y flaquear en algunas áreas. Muchas veces como adultos es difícil definir nuestra identidad en Cristo, o cuestionamos nuestro propósito de vida y el rumbo que lleva nuestro día a día. Si como adultos ya con fuertes experiencias de vida es complicado, ¿cuánto más difícil será de comprender para un niño? Dios le dio el regalo y el enorme privilegio de ser padre o madre. Hay cientos de personas en el mundo que desean estar en sus pies, han perdido a sus niños o no han tenido la posibilidad de tenerlos. Dios da sus más difíciles batallas a sus más valientes guerreros, así que respire hondo, confíe en el propósito de Dios para su vida y deje cualquier temor de lado. Cuando acepte sus debilidades y las deposite en manos de Dios, comenzará a vivir el cambio. Tenga presente que usted es el súper héroe de su niño.

Fortalecer la autoconfianza de su hijo permitirá que tenga mayor fe en que Dios hizo lo mejor para su vida y comprenderá que a Dios le plació crearlo hombre o mujer con sus defectos y virtudes. El niño debe saber que no es producto de un error o de una "metida de pata", como decimos popularmente, sino fue creado y está en este mundo porque así le plació a Dios. Y ese es su trabajo como padre.

Fortalecer la autoconfianza de su hijo permitirá que tenga mayor fe en que Dios hizo lo mejor para su vida.

Aceptar mi cuerpo: autoconocimiento

Llegan los tiempos difíciles cuando el niño ve orinar sentada a la niña y la niña ve que el niño tiene algo distinto que ella no posee. Es en este momento cuando comienzan muchas dudas y preguntas de la etapa de autoconocimiento. Para nosotros como padres inicia toda una nueva aventura; no obstante, explicarles a los niños sobre su propio cuerpo o del sexo contrario debería ser tan simple como explicar por qué deben bañarse a diario. Escuché en un ascensor a un niño de cinco años preguntarle a su mamá por qué sus dientes eran tan pequeños en relación con los de otro niño de once años que estaba ahí presente. La mamá de forma simple le indicó: "Pues tus dientes aún son de niño, esos se te caerán y te saldrán dientes nuevos como los de él, más grandes y fuertes". El niño se bajó del ascensor feliz con la respuesta. ¿Cuál hubiera sido la reacción de esa madre si la pregunta del niño hubiera estado enfocada en un genital? Algo como: "Mamá, ¿por qué esa niña tiene pechos grandes?". Quizá la mamá se reiría de manera incómoda y no escucharíamos la respuesta en el elevador.

Pene, glande, vagina, vulva, senos, ano, testículos, pechos, todas son partes del cuerpo humano; saque el chip de su mente de que esas palabras suenan fuertes o que son incómodas de pronunciar. Cuando hablamos claro, el niño entiende claro. Como padres es nuestra responsabilidad guiar al menor a identificar las partes de su cuerpo, conocer sus nombres y para qué funcionan.

Tenemos muchos casos de niños que nacen con alguna

circunstancia física diferenciada: niños con cuerpos muy distintos a los de sus compañeros, con inconvenientes de visión, que utilizan una silla de ruedas, una máquina especial o cualquier utensilio médico adicional. Estos niños notarán desde muy pequeños sus diferencias físicas con los demás y como padres responsables estamos en la obligación de educar y explicar al menor la situación, así como trabajar día a día en su aceptación y en el autoconocimiento de las virtudes de su cuerpo.

Enseñar al menor a aceptarse con sus diferencias es importante a la hora de trabajar en la autoconfianza del niño: demostrar que no importa si es pequeño o grande, si es delgado o grueso, si tiene pecas o es moreno, si ve o no, si tiene piernas o no. La enseñanza principal es que el cuerpo es tan perfecto como solo Dios puede crearlo; a todos nos creó diferentes para llenar el mundo de variedad y color. Recuerde que la autoestima debe iniciar con la aceptación.

Hablar con el niño de lo perfecto que es su cuerpo —que con solo pensarlo puede mover sus manos o bien jugar con cosas simples como las cosquillas— le permitirá identificar que cada parte se conecta con las demás. Ahora bien, cuando entendemos nuestro cuerpo vemos que nuestros órganos genitales también están interconectados y que por medio de ellos me diferencio de los demás en todos los sentidos.

Si usted sueña ver feliz a su hijo o hija, enséñelo a aceptarse, a amar lo que hace y lo que es. Explíquele al niño que con la ayuda de Dios él es capaz de alcanzar lo que se proponga. El secreto es este: exalte las características interiores de su niño, muéstrele lo valioso que es y lo que tiene para dar a los demás; hable de sus sentimientos, su talento y sus emociones; deje claro que su interior es más importante que el exterior. No permita que el niño caiga en observar únicamente aquello que no posee; más bien, sea usted un pilar que refuerce al menor y lo empodere en aquello que sí posee, enséñelo a ver el vaso medio lleno y no medio vacío. Su hijo nunca estará cómodo ni feliz si no se acepta a sí mismo.

Existe una famosa oración del conocido religioso San Francisco de Asís, que nos podrá dar una guía bastante simple y honesta a la hora de orar con nuestros hijos y enseñarles a aceptarse: "Dios mío, concédeme la serenidad para aceptar las cosas que no puedo cambiar; el valor para cambiar las cosas que puedo cambiar y la sabiduría para conocer la diferencia".[1]

Recordemos que durante la etapa de autoconocimiento (antes de los nueve años) el menor comenzará a vivir la autoexploración, lo cual es muy diferente a la masturbación ya que no busca llegar a un clímax ni mucho menos imitar a nadie, ya que no existe malicia de por medio. El menor está conociendo su cuerpo por sí mismo para entender sus funciones y reacciones.

En la actualidad hemos escuchado acerca de niños de seis años que deciden cambiar de sexo y de personas que aplauden la valentía de sus padres por dejarlos decidir. Siendo más bien una irresponsabilidad del padre puesto que los menores de cinco, seis o de otras edades de la infancia no tienen aún la capacidad de elección; lo cual quiere decir simplemente que como padres estamos haciendo un mal trabajo a la hora de guiar al pequeño a conocerse y aceptarse; le estamos diciendo que tiene razón de estar insatisfecho con quién es en realidad en lugar de mostrarle la bendición que posee por ser quién es y tener el cuerpo que tiene.

Le estamos diciendo que tiene razón de estar insatisfecho con quién es en realidad en lugar de mostrarle la bendición que posee por ser quién es y tener el cuerpo que tiene.

IDEOLOGÍA DE GÉNERO: ADOCTRINAMIENTO IDEOLÓGICO, HABLEMOS CON LA VERDAD

¡Con mis hijos NO te metas! Esta es la expresión de cientos de padres en Iberoamérica y el mundo para defender su derecho de educar a sus hijos.

Quisiera comenzar por decir que, de todo este libro, considero que esta sección específicamente es para usted como madre y padre, más que para su hijo. Ya que algunos quizá no están muy enterados de lo que significa la ideología de género y cómo nos afecta como sociedad, comenzando por nuestros niños.

En la educación general de nuestros niños, nuestra fe en Dios y nuestros valores son fundamentales a la hora de instruirlos. Como cristianos vivimos continuamente nadando contra la corriente y sé que hacerlo es muy complejo; sin embargo, no podemos cansarnos ni darnos por vencidos, debemos pararnos firmes y no permitir que confundan a nuestros niños con temas para los cuales aún no están preparados.

Actualmente, en las películas, las series, el cine, las redes sociales y la publicidad nos saturan con mensajes cargados de sexismo, homosexualidad e ideas que pretenden vendernos como situaciones "normales". Lastimosamente, en muchas ocasiones, hemos comenzado a "acostumbrarnos". Como adultos responsables no podemos quedarnos callados ni sentados a esperar que la ideología de género simplemente se imparta en las clases de nuestros niños como si se tratara de matemáticas.

Hoy vemos que existen dos segmentos de la población muy marcados: los que están a favor de aprobar la ideología de género y quienes estamos en contra. Esta lucha no es fácil de entender ni de explicar, ni siquiera entre adultos. Ahora, quizá usted se pregunte por qué algunos quieren exponer a los niños a estas ideas.

Empecemos por entender que el significado de la palabra ideología según el *Diccionario de la lengua española* de la Real Academia Española (RAE), *es el conjunto de ideas que forman un pensamiento común.* Lamentablemente, la ideología de género no se basa en la tolerancia ya que no respeta pensamientos distintos a los propios; es decir, si usted dice lo que cree o piensa, y no es igual a lo que esta ideología dice, usted no es tolerante, sino que está equivocado. La libertad de opinión, de creencias o de ideales no es aceptable. Las personas a favor de la ideología de género desean imponer y no están de acuerdo en negociar ni escuchar.

La ideología de género pretende la desconstrucción jurídica de la familia. La ideología de género está mayormente apoyada por movimientos a favor del aborto, el bloque LGTBI y altos funcionarios políticos; razón por la cual cada vez son más las personas que no sienten deseos de dar su voto a ningún partido político.[2]

La ideología de género supone que el género puede ser escogido a voluntad por cada individuo. ¿Cómo pretenden enseñarles a nuestros niños y niñas que tienen libertad de decisión, cuando los chicos ni siquiera son conscientes de su alimentación? Por ejemplo: ¿qué pasaría si les decimos a nuestros niños y niñas: "Coman lo que gusten"? Por supuesto que no comerían carne ni verduras ni frutas, únicamente consumirían azúcar, refrescos, cereal, golosinas, frituras y refrigerios. Con este sencillo ejemplo demostramos que los niños no están en capacidad de tomar decisiones importantes, ¿cómo, entonces, les vamos a decir: "Escoge qué género quieres ser"? Muchos niños y niñas no comprenden su género; de hecho, estudios han demostrado que lo irán comprendiendo pasada la adolescencia.[3] Entonces, ¿los vamos a confundir? Muchos menores podrían pensar que son lo opuesto a lo que la biología indica. La ideología de género les hace creer a nuestros niños que es normal estar confundidos e insatisfechos en su género y decidir cambiarlo.

Cuando un niño cree que es una niña, o viceversa, se le conoce como "disforia de género" o "trastorno de identidad de género". Estos trastornos no son físicos, sino mentales. Los defensores de la educación basada en la ideología de género tienen la intención de educar sin prejuicios.[4] (Más adelante hablaremos en un capítulo completo sobre los prejuicios, tema que considero importante a la hora de educar a nuestros niños y niñas).

Muchas ideologías hoy están a favor o en contra de diferentes ideales, pero es la primera vez que una ideología se levanta tan fuerte contra la familia. La familia ha sido la más fuerte unión de la sociedad. Las familias se apoyan, se sostienen y es donde los creyentes aprendemos juntos de valores y fe. Es en familia donde enseñamos sobre relaciones afectivas, relaciones sexuales y sociales.

La familia está basada en el matrimonio como principal pilar, en el respeto y en el amor. El matrimonio es bíblico; lo hacemos porque creemos en Dios. El matrimonio tiene un papel muy importante en la madurez y formación de los niños. El matrimonio nos enseña sobre responsabilidad en pareja, relaciones sexuales exclusivas y toma de decisiones en conjunto. El matrimonio entre hombre y mujer es un principio no negociable. La ideología de género pretende destruir la familia y el matrimonio.

Además, la ideología de género cree que como mujeres no somos plenas o no podemos ser felices si decidimos criar hijos en casa. Considera que el hombre es opresor si sale a trabajar para que la mujer se quede en casa. Vivimos en un mundo donde las mujeres decidimos salir a trabajar y los hombres pueden quedarse en casa atendiendo niños sin ser esto motivo de asombro o señalado por la sociedad. Sin embargo, eso no significa que quienes decidan lo contrario están actuando de manera incorrecta.

Los defensores de la ideología de género no respetan pensamientos, desean adoctrinarnos a todos con su concepto único, mediante la imposición; no dejando espacio al diálogo, al libre pensamiento o a la libertad de expresión; defienden lo indefendible, no ven la realidad y se convierten en únicamente opresores por creer que son los únicos dueños de la verdad. Vemos que la iglesia hoy sufre persecución y ataques debido a su pensamiento.

Como seres humanos nacimos en un cuerpo con un cerebro que le responde perfectamente. Cuando pensamos sin prejuicios ni fobias nos damos cuenta de que nadie puede alejarse de quién es en realidad: se necesitan un óvulo y el esperma para procrear.

El escritor Nicolás Márquez menciona lo siguiente: "La biología determina la existencia de solo dos sexos. Luego, un sector ínfimo de la población tiene una tendencia en desacuerdo con su naturaleza. Hay que respetar el desvío ajeno, pero no debe ser obligación aplaudirlo ni inculcarlo a los niños".[5] Rescato las palabras "respetamos, pero no aplaudimos", ya que no dejaremos que adoctrinen a nuestros niños.

Tenemos que dejar que nuestros niños sean niños y nuestras niñas sean niñas. Vivimos una lucha y guerra constantes y el lugar de la batalla es la mente de nuestros hijos. ¿Está dispuesto a perder la guerra? Sin embargo, cuando hablemos de valores con nuestros hijos, debemos evitar el lenguaje homofóbico. Que estemos en contra de la ideología de género no nos hace homofóbicos ni afecta nuestra naturaleza de acompañar a quienes lo necesitan. ¿Qué haría Jesús? Jesús cenaría con sus adversarios y los abrazaría. Nosotros no dependemos de que todos sean como nosotros para compartir y apoyar, caso contrario sucede con la ideología de género que no escucha ni respeta nuestra posición y creencia.

Lo que está en juego es la base de la sociedad que es la familia. Muchos hoy inclusive hemos sentido vergüenza de defender nuestros principios porque nos han tildado de "homofóbicos". Y esto ha sido una mentira, al igual que la ideología de género. Estamos de acuerdo en no discriminar, pero no estamos de acuerdo en el adoctrinamiento o imposición de la ideología de género.

Algunas verdades sobre la ideología de género:

- Cree que el hombre y la mujer son iguales sexualmente.
- Adoctrinamiento a los niños con guías sexuales sobre que cada individuo puede elegir su género.
- Se aleja del concepto de familia y matrimonio.
- Se aleja de la naturaleza misma de reproducción y del orden establecido por Dios.
- Hace creer que cualquiera que piense distinto es homofóbico y debe aceptar creer en su ideal de manera inclusive impuesta.
- La ideología de género pretende pasar por encima de la educación en el hogar y debilitar la relación del niño con sus padres.

Adiós MITOS

¿Por qué somos diferentes? Un buen reto para usted como padre o madre será echar un vistazo hacia adentro y entender la profundidad y simpleza de esta pregunta: para complementarnos.

Génesis 2:18 dice: "Y dijo Jehová Dios: No es bueno que el hombre esté solo; le haré ayuda idónea para él".

El hombre y la mujer poseen no solo características físicas y sexuales distintas, sino también racionales y emocionales. Debemos enseñarles a nuestros hijos que las mujeres y los hombres hablamos inclusive diferente porque pensamos diferente.

Es importante aclarar que no educaremos con tendencias machistas, discriminatorias, racistas o antiéticas, sino más bien los educaremos para que puedan crear un mundo mejor. Como padres responsables no podemos aceptar ni siquiera considerar estos mitos porque la educación de nuestros niños debe estar basada en realidades, en principios claros y en conocimientos objetivos; y no en un "siempre lo han dicho…". Por eso vamos a desmentir varios mitos que la sociedad nos ha querido inculcar:

Mito #1: Si les enseño de sexo, comenzarán su vida sexual muy pronto.

Realidad: Varios estudios internacionales demuestran que entre más informados estén los jóvenes mejores serán sus decisiones.[6] El menor se basará en sus conocimientos para decidir su futuro y no en presión alguna.

Mito #2: Si las mujeres juegan con coches o los hombres con muñecas se van a confundir de sexo.

Realidad: Como ya vimos en la ideología de género, existen ciertos ataques que hoy viven nuestros hijos donde desean adoctrinarlos con ideales antibíblicos y antinaturales. Esos temas sí son relevantes y debemos actuar; sin embargo, que el niño quiera jugar con muñecas o la niña con coches no es relevante ni demuestra problemas ni confusiones; simplemente posee gustos distintos a los del promedio. Relájese y permítale jugar como desee.

La educación depende en su mayor parte de lo que se inculca en casa.

Mito #3: Si en la escuela hay parejas del mismo sexo se va a confundir.

Realidad: La educación depende en su mayor parte de lo que se inculca en casa. Los profesores, los compañeros y otras personas siempre estarán rodeando a su hijo con este y mil temas más distintos a los valores del hogar. Recuerde, cuando era niño y sus compañeros le decían que hicieran algo que en casa no era permitido, usted lo consideraba de acuerdo con la educación que había recibido de sus padres, y muchas veces sin tener la información completa o adecuada. Ahora queremos que nuestros hijos lo consideren a la luz de bases y principios claros. La educación en casa es más fuerte que la escolar, así que active su trabajo como padre o madre.

Mito #4: Si toca sus partes íntimas es con malicia y es masturbación.

Realidad: Los niños desde pequeños comienzan a descubrir su cuerpo; tocarlo es sinónimo de aprender cosas nuevas. Al hacerlo descubren que sienten distinto a si se tocan la cabeza, por ejemplo, es por esta razón que lo llevan a cabo; es un placer sin ninguna malicia de por medio. Enséñele a su hijo a no realizar ese acto en público y si es algo repetitivo converse con él sobre la situación; recuerde ser honesto. Una compañera de trabajo me contaba que uno de sus hijos de seis años no dejaba de introducir su mano en su pantalón para ver televisión y demás, y ella le decía que si seguía realizándolo "se le iba a caer". El niño de solo seis años ya sabía que aquello no era cierto y nunca le prestaba atención. Así que sin importar cuánto deseemos que nos obedezcan, debemos hablar con la verdad; será la única razón que entenderá el niño.

Mito #5: Los profesores son los responsables de la educación sexual de mi hijo.

Realidad: Es necesario comprender que su hijo se verá persuadido por varios elementos entre los cuales encontramos a los padres, profesores, amigos, familiares y la internet (TV o Smartphone). Muchísimos padres saben que deben educar a sus hijos sobre la sexualidad, pero solamente uno de cada tres lo hace. La educación sexual comienza en el hogar.

Mito #6: La abstinencia es en lo único que se debe educar.

Realidad: La educación basada en "es malo", "no lo hagas", "tú solo obedece" genera curiosidad, y como dice la famosa frase: la curiosidad mató al gato. En la actualidad, nuestros hijos no se quedarán con la duda gracias a la internet. Y si usted no les permite utilizar la internet, recuerde que tienen compañeros y compañeras que quizá sí puedan usarla, y quienes es probable les cuenten lo que hayan aprendido. Por esta razón, la educación de nuestros niños debe ir más allá de "todo es malo". Es mejor que tengan claro qué es lo que ocurre, cómo ocurre y sus realidades. Hablarles de sexo no los llevará a realizarlo, solamente les mostrará que no es un tema tabú. Eduque a su hijo en esperar, pero si el niño tiene más dudas bríndele respuestas.

Mito #7: Los hombres no controlan sus impulsos.

Realidad: Esta es una idea machista que lleva a los padres a justificar el actuar de sus hijos sin corregirlos. Hemos visto que debemos ser cercanos y ganarnos su confianza, pero no nos conviene ser permisivos, extremistas o liberales. La educación es educativa porque es correctiva. El niño o la niña no entenderá que está actuando de forma incorrecta si no se le corrige a tiempo.

Mito #8: Si le enseño sobre anticonceptivos significa que apruebo sus relaciones sexuales.

Realidad: En realidad aquí podemos enseñar sobre fidelidad, esperar a la persona correcta, enfermedades venéreas, embarazos no deseados y abstinencia. Si el niño ya consulta sobre este tema es porque está preparado para explicaciones simples de lo anterior; sin embargo, recuerde decirle ante su pregunta: "¡Excelente pregunta! ¿Qué crees que son?", o: "¿Cómo crees que funcionan?". Esto permitirá que usted sepa de qué habla el niño, porque quizá lo escuchó en la televisión y no está seguro, entonces podría darle una respuesta mucho más simple y acorde a su edad.

Mito #9: La educación sexual se debe basar en valores tradicionales.

Realidad: Este es un tema complejo ya que los valores dependen de la familia, la religión, sus costumbres, su cultura y más; es por esta razón que la educación que el niño recibirá en su centro infantil no será quizá la que usted desea. Por eso es tan importante que desde pequeño en casa le inculque su fe, sus valores y sus principios. Recuerde: si usted no lo hace, otros lo harán.

Mito #10: Los niños maduran a su tiempo por eso es mejor que aprendan sobre sexualidad en el momento que ellos lo deseen.

Realidad: Los niños tienen la capacidad de aprender cualquier cosa, pero van a recordar o interpretar de acuerdo con su desarrollo y edad. Esto no nos autoriza a evitar tocar el tema, sino más bien nos amplía el panorama para educarles desde pequeños.

Tercer reto:

Hoy el reto será sentarnos a conversar con los pequeños. Cuénteles cómo fue el momento de su nacimiento, detalles divertidos y momentos felices. Cuénteles lo que sintió la primera vez que lo vio. Consiga lápices de color y hojas blancas y dibujen juntos lo que el niño considera que es su propósito de vida. Dialoguen sobre el tema y pongan manos a la obra en los dibujos. Trabaje en reforzar en el niño o en la niña la identidad correcta: "Fuiste creado por Dios para cumplir su propósito en tu vida. Tienes una vida llena de sueños y Dios los cumplirá siempre y cuando quieras y estés dispuesto a obedecerle. Resalte en el dibujo las principales virtudes del menor; hágale ver sus talentos y sus emociones. Plantee la enseñanza principal que es que somos perfectos tal cual Dios nos creó. Y usted como adulto quítese los mitos, reflexione sobre otros mitos que tenga y póngalos en la balanza.

—4—

AFECTIVIDAD: RESPETO MUTUO

CUANDO HAY AFECTO EN EL HOGAR SE NOTA EN CUALQUIER LUGAR

Cuando ponemos atención a nuestro diario vivir, vamos notando cómo las costumbres que una vez nos enseñaron en casa, se van reflejando donde quiera que vamos. Si en casa nos enseñaron a ordenar nuestra habitación y a acomodar la cama antes de salir de casa, cuando nos casamos mantenemos esa costumbre. Si se nos enseñó a dar gracias por los alimentos, lo haremos inclusive en el más fino restaurante con desconocidos al lado.

De esta forma, es imposible no notar cuando en el hogar se ha enseñado amor, respeto y afecto; este vínculo "invisible" entre padres e hijos se convierte en visible cuando llegamos a lugares públicos o nos exponemos a un tercero.

Crear un vínculo fuerte que permanezca con el pasar del tiempo permitirá fortalecer la autoestima del menor, además de que le permitirá acudir a sus padres en caso de un problema o simplemente para contarles una buena noticia. Este vínculo además lo hará sentirse bien consigo mismo, sin necesidad de fingir ser otra persona. Hoy, gracias a las redes sociales, vivimos en un mundo que todos desean fingir y ser alguien que no son; es responsabilidad suya como padre enfocar su relación con el menor hacia sus logros, sus puntos fuertes y no permitir que el niño piense que por no ser alguien más no es importante.

Un abrazo, unos buenos días, un por favor y dar las gracias, palabras simples de nuestro léxico diario, le permiten al niño comprender que vive dentro de un hogar donde sus miembros se respetan. Recuerdo una mamá que conocí hace unos años quien pensaba que sus hijos debían servirla únicamente por ser la madre;

les exigía favores y que obedecieran a sus órdenes caprichosas sin siquiera decirles "por favor".

El poeta, novelista y escritor Haniel Long se refirió a la unidad familiar así: "Gran parte de lo mejor que hay en nosotros está ligado a nuestro amor a la familia, que sigue siendo la medida de nuestra estabilidad porque mide nuestro sentido de lealtad. Todos los otros pactos de amor o temor derivan de ella y se modelan sobre ella".[1]

Hemos escuchado en múltiples ocasiones que la personalidad se hereda o que los niños son distantes porque ese es su carácter; por esa razón muchos nos escudamos en que al niño no le gusta compartir en familia o que no le gusta cenar en la mesa, pero ¿cuántas veces lo hemos intentado?[2] Trabajar en fortalecer los lazos familiares me hace recordar aquel versículo de Deuteronomio 6:6-7 (NVI) que dice:

> Grábate en el corazón estas palabras que hoy te mando. Incúlcaselas continuamente a tus hijos. Háblales de ellas cuando estés en tu casa y cuando vayas por el camino, cuando te acuestes y cuando te levantes.

Este versículo, me hace poner una palabra en mi corazón: constancia. En nuestro caminar por la vida con nuestros hijos debemos dejar un legado, debemos marcar con ejemplos y lecciones su vida; y para alcanzarlo necesitamos ser constantes.

¿Y SI NOS ABRAZAMOS A DIARIO?

¿Se ha sentido usted realmente enamorado? En esas primeras citas no podíamos evitar el contacto físico, donde rozar la mano, abrazarnos, mirarnos, besarnos, hacía que nos saltara el corazón y dijéramos la famosa expresión: "Tengo mariposas en el estómago".

Cuando abrazamos a nuestros pequeños ellos sienten la misma emoción, nos miran con ese mismo amor y con una admiración inexplicable. Besos, abrazos, palabras de afirmación, momentos únicos, tiempo de calidad y más reafirmarán el afecto que sentimos por ellos. Recuerde que no es solo comprar la comida y arroparlos para dormir; ellos necesitan su tiempo y que sea de calidad.

Besos, abrazos, palabras de afirmación, momentos únicos, tiempo de calidad y más reafirmarán el afecto que sentimos por ellos.

Cuando abrazamos en casa debemos respetar el espacio personal y los momentos, así como aprender a utilizar la inteligencia emocional y el sentido común para encontrar los mejores momentos para no hacer del abrazo algo más bien contraproducente.

El contacto físico diario es más importante de lo que muchos creen. Desde que se tiene al bebé en brazos se comienzan a crear vínculos fuertes que con los años debemos mantener. Dar el pecho es uno de esos vínculos muy íntimos que tiene la madre con su hijo, siendo físico y emocional, vemos como en muchos casos se vuelve muy complicado separar al menor del pecho y cortar este contacto.

Los abrazos son un arma secreta que como padres y madres tenemos a nuestro favor. ¿Ha pensado qué pasa cuando damos un abrazo? Generamos endorfinas que permiten al otro sentirse alegre, seguro y protegido.

¿Cuántas veces al día abraza a sus hijos?

Generemos vínculos de confianza en familia

La personalidad del niño a futuro se verá determinada por el núcleo familiar con el que creció. La confianza que la familia trasmita al menor lo ayudará o perjudicará en un futuro en la forma como se relacione.

Son cientos los beneficios que nos brinda la confianza en el núcleo familiar; ese vínculo fortalece la autoestima, el niño aprenderá más y enfrentará de mejor forma la depresión o futuros problemas complejos; aumentará el dominio propio ante la toma de decisiones y fortalecerá su confianza a la hora de comunicarse con otros.

Algunos consejos que le permitirán comunicarse mejor con sus hijos en estas etapas, para fortalecer la confianza cuando estén en la adolescencia son:

- Rompa el hielo con humor: permita que los niños se diviertan, disfruten y aprendan cuando converse con ellos, inclusive cuando los temas sean serios, una broma podría mostrarles que usted está relajado y abierto a conversar. Los diálogos familiares les permitirán sentirse importantes dentro del núcleo familiar.

- Respete al niño: si el niño no desea contarle algo, no puede forzar la situación. La presión hará que el niño se cohíba o se moleste y será más difícil recuperar lo ganado.
- No mienta: hable claramente y con la verdad al niño. Muestre su confianza en él por medio de hacer preguntas simples sobre lo que piensa, lo que cree, lo que espera. Demuéstrele que confía en él, así entenderá que es digno de confianza. Cumpla con lo que le promete, si dice que va a llevar a casa un premio debe llevar a casa un premio, los niños no lo olvidarán y esto para ellos es sinónimo de máxima confianza.
- No los juzgue: no permita que el niño se sienta discriminado o rechazado por ninguna opinión, sino guíelo hacia la opinión que desea inculcarle, mediante preguntas, chistes, palabras de afecto y respeto. De la misma forma, en cuanto a conductas negativas, enséñale con sabiduría por qué estuvo mal, sin recriminarle lo ocurrido. Recuerde que usted está enseñándole todas las lecciones de vida, ya que los niños son como computadoras en blanco que debemos programar desde cero.
- Forme una autoestima sana: el amor es la base de la autoestima, entre más amado se sienta un niño mayor será su empoderamiento.
- Préstele atención: mirar a los ojos a una persona cuando le habla es sinónimo de respeto; el día a día nos consume, pero esto es educación. Demuéstrele interés cuando le hable, y si habla mucho es porque demanda mucho de su tiempo y afecto. Los niños verán esto como un interés de su parte por sus conversaciones y se motivarán a contarle más cosas. Nunca les limite la comunicación ni los haga pensar que su tiempo de conversación diario con usted ya se acabó.

- Utilice un buen lenguaje corporal: una voz firme y una mirada directa a sus ojos le demostrará al niño que usted está seguro de lo que está diciendo.

Pidamos a Dios sabiduría, y enfoquémonos en hacer bien nuestra tarea, tenemos una gran misión de sacar adelante a estos nuevos hombres y mujeres.

> Pues si ustedes, aun siendo malos, saben dar cosas buenas a sus hijos, ¡cuánto más el Padre celestial dará el Espíritu Santo a quienes se lo pidan.
>
> —Lucas 11:13, NVI

Recuerde que la confianza es muy importante en todos los ámbitos: si el pequeño de la casa no confía en usted para contarle que obtuvo una mala calificación, ¿con qué confianza llegará a decirle si alguien le está agrediendo?

Aprendamos a respetarnos con nuestras diferencias en familia

El respeto es el principal valor para vivir en paz, y es en el hogar donde se enseña. No podemos dar respeto y enseñar respeto, si no nos respetamos a nosotros mismos. Tener presente lo que valemos, quiénes somos y cuál es nuestro propósito de vida, nos determinará como padres a la hora de educar a nuestros hijos.

Dios nos ha creado con un propósito principal: adorarlo, cumplir con su Palabra y evangelizar a otros por medio de nuestros diferentes dones y talentos. Cuando lo tenemos claro, el valor del respeto será mucho más simple de testificar y enseñar en el hogar.

Aprender que tenemos defectos y talentos distintos nos fortalece tanto emocional como espiritualmente.

El respeto se gana. Cuando llegue a casa después de un largo día de trabajo, cansado, con ganas únicamente de dormir, el niño reclamará esos minutos antes de ir a la cama para conocerlo, para acercarse y saber más del mundo. Es necesario atenderlo con calidad, aunque sean pocos minutos, ya que más adelante ese tiempo será el que determinará si nos tienen respeto o miedo. El respeto nace de la admiración; no se puede admirar a quien no está presente.

Conozco el caso de un hombre que agredía a sus hijos para que estudiaran, para que obedecieran, para que colaboraran en el hogar, inclusive para que comieran; pero nunca se ganó su respeto, solo ganó temor. Los niños crecieron y se convirtieron en hombres y mujeres de familia; y desafortunadamente para aquel hombre, el miedo se perdió y no quedaba nada más que los uniera.

Recordemos que los niños tienen un cerebro en construcción constante igual al nuestro, poseen dos ojos con los cuales ven todo y tienen la capacidad de generar sus propias conclusiones.

Hay niños a quienes les encanta compartir sus juguetes, prestar sus cosas y no les molesta inclusive si se las destruyen, otros son todo lo contrario. Si su niño es de los que no les gusta compartir sus cosas, converse con él, pregúntele la razón. Si su respuesta es solo egoísmo ínstelo a compartir, pero si el niño no desea que le destruyan sus pertenencias o tiene alguna otra razón muy de personalidad respete al niño. Poder decidir sobre sus pertenencias formará su carácter.

Con el respeto nace un término que está muy de moda: la tolerancia. Respetar y tolerar no son sinónimos de compartir. Debemos inculcar en nuestros hijos un evangelio de amor y ayudarlos a abrirse camino ante futuras generaciones llenas de ideas y creencias diferentes. Estos niños serán los futuros evangelistas y maestros, sin amor, respeto y tolerancia les será muy difícil trabajar.

Como padres debemos cuidarnos de no caer en la permisividad, sino más bien educar en sentido del respeto, el amor y la tolerancia. Ser permisivo y complacerlos en todo nos aleja del respeto y nos acerca al egoísmo. Un niño que crece creyendo que es la persona más importante del planeta, terminará siendo prepotente y egoísta. Debemos evitar atender todos sus caprichos en el momento exacto que lo desea y decir que no a cosas que consideramos innecesarias o bien cuando no es posible atenderlo. Cuando se presente cualquier situación de falta de respeto es necesario resaltarla en el momento, indicar al niño que eso no es correcto y que no se permite en la familia

Hoy cuando hablamos de tolerancia, los defensores de la ideología de género nos quieren hacer creer que si no compartimos sus ideales es que no somos tolerantes. Esto es una mentira que no podemos permitir que se grabe en nuestros niños y niñas. La tolerancia es respetar, mas no compartir o aceptar. El respeto es sinónimo de: consideración, tolerancia y cortesía.

IMITACIÓN: FORMA FÁCIL DE APRENDER

¿Ha visto como su hijo copia sus palabras, sus señas, sus costumbres y hasta quiere vestirse con su ropa?

La imitación es clave en el crecimiento del niño, él buscará parecerse a usted por todos los medios ya que es a quien admira. Por esta razón es importante que nosotros como padres fortalezcamos nuestros fundamentos e imitemos a Jesucristo de modo que seamos ejemplos de fe, amor, esperanza, consuelo y confianza.

La imitación es clave en el crecimiento del niño, él buscará parecerse a usted por todos los medios ya que es a quien admira.

La manera en que nos comportemos será clave. Si hablamos mal del pastor, la iglesia, la maestra, el vecino, el amigo; el niño observará ese comportamiento y lo imitará.

Los niños son capaces de entender con frases simples y ejemplos. La frase: "No hagas lo que no quieres que te hagan", le ayudará a explicar al menor que lo que hizo fue incorrecto. Por ejemplo: Mateo de tres años le quitó el juguete a Lucía a la fuerza, entonces la mamá de Mateo le quitó el juguete a Mateo, se lo devolvió a Lucía y le explicó a Mateo que eso no fue correcto, y que si él hace esas cosas se las harán también a él. Parece ser un ejemplo simple, pero hoy vemos cómo muchos niños llegan a jugar al área de juegos del centro comercial: empujan a otros niños, les quitan el espacio y demás, y los padres simplemente observan despreocupados la mala actitud de sus hijos.

¿CÓMO ENSEÑAR RESPETO?

Primero sea un ejemplo. Segundo, no les ponga etiquetas a sus hijos, no les diga que son malos, que no hacen nada bien o que dejará de amarlos. Al contrario, reprenda su conducta negativa con frases como: "¡Eso que hiciste no es correcto!", "¿Sabes qué debiste hacer?", "Te amo a pesar de lo que hiciste, no lo vuelvas a hacer", "Vamos a solucionar la situación de eso que hiciste mal", "¿Cómo podemos comenzar?".

Un consejo práctico es establecer en conjunto una lista de reglas de convivencia. Conocí un hogar donde ambos padres se sentaron con sus hijos gemelos de cuatro años a estructurar un plan de normas en casa, les solicitaron a ellos opinar y terminaron divirtiéndose más de lo que esperaban. Uno de los gemelos dijo: "No abrir la puerta del baño", lo cual les hizo ver a los padres que habían logrado grabar en los niños lo que era el respeto. Pedir las cosas de buena manera, utilizar frases como: gracias, con gusto, por favor y buenos días, podrán ser parte de esa lista.

En la lista puede incluir alguna de estas reglas:

- Hablar mirando a los ojos.
- Poner atención cuando me hablen.
- Obedecer lo que dicen los padres y maestros.
- Respetar la intimidad de los demás.
- Disculparnos cuando nos equivocamos.
- No actuar de forma agresiva.
- Respetar las pertenecías de otros, no tomarlas a la fuerza, pedir prestado.
- Dar las gracias cuando nos hacen un favor.
- Sonreír al saludar.
- Buenos modales en la mesa.

Recuerde que no es solo anotarlas en una pizarra o en el refrigerador, sino practicarlas diariamente, y usted como padre o madre será el ejemplo. Ponerlas por obra no puede depender de su estado de ánimo. Felicite a sus hijos cuando hagan bien las cosas, cuando actúen con humildad y tolerancia. Demuéstreles que las buenas acciones también son visibles, no solo las equivocaciones.

Comunicación asertiva desde pequeños

La asertividad es la habilidad que tenemos para ser directos, sin herir a los demás. La comunicación asertiva es el intermedio perfecto entre la pasividad y la agresividad; es no caer en ninguno de esos extremos, sino más bien lograr manejar una inteligencia emocional correcta.

Hoy es necesario que nuestros hijos tengan asertividad para comunicarse con otros niños o adultos: que aprendan a expresarse sin herir o amenazar a otros.

Una de las problemáticas de hoy es el famoso "*bullying*". Cada vez son más los niños que lo sufren (sean acosados o acosadores, ambos los sufren). Enseñar asertividad desde pequeños permitirá alejarlos de esa problemática actual.

La asertividad como la mayoría de las cosas se aprende desde pequeños. No "nacemos aprendidos" como decía mi primita menor, por ello somos responsables de esta educación también; pero tranquilo, tome un respiro y piense que como padre o madre la educación no es de solo un día. Tenemos todos los días, los momentos y situaciones que se presenten para reforzar estos aspectos en nuestros niños.

Podemos comenzar con un buen ejemplo de nuestra parte y premiando los buenos actos. De esta manera los motivaremos a expresar adecuadamente sus sentimientos y lo que desean o no hacer, sin herir a otros.

Ejemplo de comunicación asertiva: "Hoy estuviste excelente con la tarea de la escuela, tu maestra dijo que lo hiciste muy bien, pero estoy triste porque le pegaste a tu compañero. La próxima vez que tu compañero te quite el cuaderno debes decirle a la maestra para que ella lo solucione, y así nadie estará triste".

Lo ideal es comenzar siempre resaltando la situación positiva, seguido de indicar los errores cometidos y terminar brindando una solución en un caso futuro, además de las posibles consecuencias.

Invierta tiempo de calidad

Si volvemos al ejemplo de cuando nos enamoramos, nos encanta dedicarle tiempo a esa persona para conocernos mejor, contarnos cosas o simplemente acompañarnos. Recuerdo que una vez escuché decir a un predicador español, no recuerdo su nombre, que cuando una persona desea hacerlo, puede hacerlo, y que cuando una persona invierte tiempo, lo consigue. Partiendo de esto, somos capaces inclusive de acomodar nuestra agenda, hasta lograr hacer campo a aquello que nos apasiona.

En su libro, *Los 5 lenguajes del amor* (Editorial Unilit, 1996), Gary Chapman menciona que el tiempo de calidad es la segunda manera más importante de comunicar amor. Quizá se pregunte cuál podría ser la manera de recibir amor de su hijo, pues el tiempo de calidad no es algo que deba omitir.

En los tiempos cuando mi mamá y mi papá eran niños, las madres estaban en casa cuidándolos y atendiéndolos. Pasados los seis años comenzaban a asistir a clases y de igual forma todos los días regresaban a su hogar para ser recibidos por su madre. Hoy el escenario ha cambiado; a los pequeños de tan solo tres meses ya los dejan en un centro para ser cuidados por extraños, ambos padres trabajan y el niño es recibido por una empleada de la familia, o bien, por sus padres a altas horas de la noche. Y este panorama se repite día a día en cientos de hogares en el mundo.

Una frase muy conocida de la Madre Teresa de Calcuta fue: "¿Qué puedes hacer para promover la paz mundial? Ve a casa y ama a tu familia".[3]

A veces olvidamos ir a casa y compartir tiempo de calidad con nuestra familia, demostrar afecto y conocernos. Olvidamos que somos las cabezas de ese hogar y no podemos permitir que se desborde. Si quiere un hogar a futuro basado en la confianza, la honestidad y el respeto mutuo, comience a trabajar desde ahora. Para la familia no hay agenda, para sus hijos no hay solo minutos. El día que decidimos ser madre o padre, sabíamos que les entregaríamos nuestro tiempo a aquellos niños.

Los niños no esperan a crecer; enseñemos jugando

Los minutos avanzan y cada vez nos volvemos padres de hijos más grandes. Nuestros hijos e hijas no están esperando a que decidamos si hablarles o no de sexo, de sexualidad, de valores o de fe. Ellos crecen y absorben todo lo que les dice su entorno. Ingenuamente hemos llegado a suponer que el niño aún no está preparado o que el tiempo no nos ha llegado.

Los niños tienen la capacidad de no cansarse nunca... y además de aprender jugando. Si su hijo es así, esto es una oportunidad. Hablarle de relaciones de pareja, las diferencias entre acoso, agresión, muestras de afecto y contacto diario es algo que podemos realizar con títeres, con muñecos de algún personaje que les llame la atención, con dibujos o con recortes. ¡El cielo es el límite en la creatividad con los niños! Ellos podrán entender sus ejemplos, y entre más simples sean, mejor.

Enseñe con juegos

En este momento quisiera recordarle que además de enseñarles a nuestros niños distintos tipos de lecciones, debemos ser cuidadosos nosotros como padres. No deje solos a sus hijos con personas que recién conoce como un nuevo novio o un nuevo tío. No deje solos a los niños dentro del auto por ninguna razón, aunque sea para algo rápido. La inocencia de los niños tampoco les permitirá medir el peligro a la hora de ir solos al supermercado, por ejemplo.

Existen muchos juegos digitales y físicos para medir riesgos. Hable claramente en casa sobre las distintas formas de agresión sexual o agresión psicológica. No tenga miedo de tirarse al suelo, ensuciarse o llenarse de comida para dar una lección. La memoria experiencial le ayudará al niño a resolver mejor.

No tenga miedo de tirarse al suelo, ensuciarse o llenarse de comida para dar una lección.

Hace poco tiempo conseguí en una juguetería un muñeco que se desarma completamente para jugar al médico, me pareció genial para enseñar sobre sexualidad. Ver el cuerpo humano de forma natural, sin malicia, para enseñarle al niño dónde se ubica cada parte, para qué funciona y cómo luce, les ayudará a usted y al menor a comunicarse mejor. Consiga un juguete del cuerpo humano, incluso muchos estudiantes de medicina usan modelos similares en su primer ingreso, téngalo en casa y deje que el niño lo use como si se tratara de un rompecabezas.

La ganadora del premio nobel de literatura de 1945, Gabriela Mistral, escribió en una ocasión: "Muchas de las cosas que nosotros necesitamos pueden esperar, los niños no pueden, ahora es el momento, sus huesos están en formación, su sangre también lo está y sus sentidos se están desarrollando, a él nosotros no podemos contestarle mañana, su nombre es hoy".[4]

Es posible que la duda que su hijo tenga hoy, mañana se junte con otra, y así se vaya convirtiendo en una bola de nieve de consultas. Mejor tome tiempo para explicarle cada día sus dudas. La sexualidad es algo que todos los días aprendemos, todos los días trabajamos y todos los días necesitamos reforzar.

Manejo de límites en el hogar

> El hijo sabio es la alegría de su padre; el hijo necio es el pesar de su madre.
>
> —Proverbios 10:1, nvi

Cuando hablamos de límites en el hogar no nos referimos a atajar las conversaciones, los temas o la demanda del menor hacia usted como padre, eso entendamos y establezcamos que será siempre ilimitado. Los límites son aquellas fronteras que nos hacen luchar con los pequeños para marcar las reglas de la cancha, los que nos hacen dudar de si estamos realizando bien o mal nuestra labor como padres.

Los niños aprenden más por lo que somos, que por lo que les enseñamos. Nuestro ejemplo y disciplina les mostrarán cómo esperamos que se comporten. Si usted es padre o madre soltera deberá definir los límites solo o con quienes tengan cercanía al niño, sean sus abuelos, tíos o algún otro familiar. Pero si usted está con su pareja, juntos deben sentarse a conversar y definir los límites que le pondrán al niño en casa.[5]

A la hora de definir límites y normas debemos tomar en cuenta la edad del pequeño, además de sus capacidades físicas y mentales. Por ejemplo: no podemos pretender que el hermano mayor deba cuidar a sus hermanitos, ya que esto no es su responsabilidad, sino de usted como adulto.

Cuando definimos límites debemos partir de que nuestros niños no estén expuestos a un ambiente tóxico para ellos. Yo colaboro en programas de atención a las personas que viven en la calle en mi ciudad y, en una ocasión, al salir a buscar a los muchachos a los lotes baldíos, pasamos cerca de la media noche por un bar en la capital, estaba abierto, y desde afuera pude ver que había bastante gente alcoholizada en el lugar. No pude evitar detenerme y observar que debajo de una de las mesas del sitio había dos pequeños jugando, a esa hora, en ese lugar, en ese ambiente. No exponga a sus hijos a estas situaciones; no solo es ilegal, sino inmoral. Aleje a sus hijos de personas inestables, de aquellos que tienen malas costumbres. Incluso sus amigos adultos, no tienen que ser amigos de sus hijos.

Cuando comenzamos la complicada, pero poderosa tarea de establecer límites debemos ser concisos y claros al enseñarle al niño lo que queremos que cumpla. Conocí una señora que tenía una pareja de niños, el niño tenía seis años y la pequeña cuatro. El mayor siempre intentaba agredir a su hermana menor y la madre en su trajín diario únicamente le insistía al niño que se comportara. Al ver que el niño seguía con esta actitud me comentó que estaba muy agotada por esa lucha constante. Le consulté si en algún momento se había sentado con él a conversar cuáles eran los puntos que ella deseaba que él corrigiera, y me dijo que no.

No podemos dar por hecho que el niño sabe a qué nos referimos. Si usted desea que no maltrate a otro sea claro, si desea que corrija su actitud o si desea que limpie su recámara sea claro. Explíquele, muéstrele un ejemplo. Si desea que ordene sus cosas, hágalo con él las primeras veces, no espere que el niño comprenda lo que usted desea con solo decirlo.

Las reglas no están hechas únicamente para el niño, todos en casa deben respetarlas, y si nos equivocamos o no las respetamos, debemos pedir una disculpa para dar ejemplo al niño. Por más difícil que parezca en ese momento, no deje que las reglas importantes cambien. Haga que su discurso sea positivo y que el niño entienda que lo que estamos poniendo como regla es a su favor.

Haré un alto aquí para contarles sobre un pastor llamado José Chacón, a quien conocí hace unos años y quien me enseñó a ver una parte de la Biblia de una forma muy distinta: los Diez Mandamientos. Nos motivó a verlos a nuestro favor, ya que siempre estamos acostumbrados a leerlos como prohibiciones. No debo matar, no debo robar, no debo mentir, debo honrar a mis padres, entre otros. Pero ¿y si los pensamos a nuestro favor? Por ejemplo: Dios no dejará que lo maten, nadie le robará, nadie le mentirá, puede tomar un descanso, sus hijos lo van a honrar. ¿Ahora cómo le suenan? Cuando aprendí a verlos de este modo, entendí que la vida se vive mejor en positivo.

Sus hijos inclusive pueden disfrutar las normas de la casa, depende de usted la manera en que las transmita. Sea sabio y busque un buen momento para compartirlas, inclusive discutirlas en familia y buscar oportunidades de mejora. Compartir con sus hijos el momento cuando se crearon las normas les permitirá sentirse más seguros e incluidos. De igual forma alguno de sus hijos podría no estar de acuerdo y buscará la forma de manipularlo, sea con enojos, palabras fuertes, llanto o golpes.

Muchas veces las malas palabras son uno de los principales problemas de límites en casa que debemos manejar, sobre todo cuando el niño está un poco más grande. Con tono firme y serio debe dirigirse al menor y conversar sobre el tema. Deje en claro que su posición no se negocia. Y si la situación continua, sea fuerte y cumpla con el castigo que había indicado. Como padres tenemos la tarea de enseñar al niño a cumplir órdenes, a respetar la autoridad y a ser disciplinado.

Como padres tenemos la tarea de enseñar al niño a cumplir órdenes, a respetar la autoridad y a ser disciplinado.

Por otro lado, si el menor cumple a cabalidad, no lo dé por sentado, sino celebre sus buenos actos y reconozca su esfuerzo. Reconozca las buenas acciones y felicítelo.

El escritor Henri Alban Fournier menciono en una ocasión: "Yo les enseñaría a los niños a ser buenos, con una bondad que yo conozco [...] cuando sea maestro. Les ayudaría a encontrar la felicidad que tienen tan cerca, aunque no lo parezca".[6] Esa es nuestra tarea, enseñar al niño a hacer bien las cosas y disfrutar de su etapa.

> La corona del anciano son sus nietos; el orgullo de los hijos son sus padres.
>
> —Proverbios 17:6

Cuarto reto

Es importante crear un vínculo fuerte que permanezca en el tiempo. Esto lo logramos siendo constantes en nuestra relación con nuestros hijos porque educar va más allá de dar órdenes, es tener una relación con ellos. Piense un momento y responda: ¿cuántos abrazos le está dando a sus hijos al día? Si pudo contarlos no son suficientes. Planifique el tiempo de calidad con los niños como una prioridad en su día a día. El reto de este capítulo, además de los abrazos y el tiempo, es crear una lista, en conjunto con los niños, donde establezcamos las reglas de convivencia en casa. Decir "gracias", "por favor", ayudar en la cocina y no decir malas palabras son temas que deben estar ahí. Explíqueles a los niños que estas reglas están a su favor para que todos seamos más felices.

— 5 —

ACOSO: ¡APRENDA A DECIR NO! ¡APRENDA A IDENTIFICARLO!

El perfecto amor echa fuera el temor.

—1 Juan 4:18

Quizá este capítulo del libro ha sido el que más me ha costado escribir, un tema tan profundo, tan delicado y tan real como lo es el abuso sexual. Mientras escribo pienso en todas aquellas amigas y amigos que han tenido que pasar por esta dura situación y no puedo imaginar lo que sus corazones han sentido. Quizá a usted también le tocó vivirlo o conoce a alguien. La empatía en temas de este tipo no es fácil, ya que solo quien lo vive sabe lo que siente.

Estamos en un mundo en el cual cada vez es más difícil luchar por los principios y los valores de la fe. Existen más muros que derrumbar y uno de ellos es la ignorancia, el silencio y la desinformación sobre el abuso sexual infantil. Este tema debería ser la primera materia que los niños recibieran en clases y el primer tema que les enseñáramos en casa.

Vivimos en una sociedad que prefiere callar antes que denunciar, que prefiere callar antes que ser juzgado. No podemos vivir pensando en negativo. Como hijos de Dios sabemos que contamos con protección divina al igual que nuestros hijos y que la sangre de Jesucristo nos cubre en todo momento y lugar. Pero la educación es nuestra responsabilidad, no podemos ir por la vida creyendo que la cobertura divina nos exime para dar pie a la ignorancia.

Estamos rodeados de cientos de niños de los cuales muchos ni siquiera sospechamos han sufrido acoso o maltrato sexual infantil. Lo más preocupante es que muchos de estos casos son silenciados en el hogar, ya que fue un miembro de la misma familia quien cometió el crimen.

El silencio está acabando con nuestra sociedad, pone en peligro a nuestras niñas y niños y nos hace más vulnerables frente a los agresores. No es momento para que como hijos de Dios decidamos simplemente guardar silencio o dejar pasar el tema. Cuando hablamos de agresión y prevención, debemos ir más allá de una oración, es necesario actuar ya que la fe sin obras está muerta (Santiago 2:26).

Soy costarricense, y los "ticos" tenemos la costumbre de decir que sí a casi todo, y cuando debemos o queremos decir que no se nos hace muy difícil. Comenzamos con rodeos, tratamos de decir cosas sin ofender y muchas veces ante tanta excusa terminamos diciendo que sí. Nos cuesta mucho decir que no; es parte de nuestra cultura; por eso cuando visitamos otro país sentimos que las personas son más bruscas o insensibles, por el trato.

De pequeño, el niño comenzará a decir que no quiere ciertas cosas; por ejemplo, que no desea un alimento, que no quiere ordenar su habitación o que no quiere jugar con otro niño. Muchos padres se dedican únicamente a enseñarle al niño a aceptarlo todo: "Debes jugar con él", "Debes comerte todo", "Debes ayudar a tu hermana". Y se nos olvida enseñarle al menor que su opinión cuenta y que es adecuado en algunas ocasiones decir que no; por ejemplo, si el niño no desea jugar con otro, no hay porque obligarlo. La educación del "no" es necesaria en el crecimiento y desarrollo del menor, solo así aprenderá que existen situaciones, ocasiones y oportunidades para decir que no.

La educación del "no" es necesaria en el crecimiento y desarrollo del menor, solo así aprenderá que existen situaciones, ocasiones y oportunidades para decir que no.

El niño debe ser respetado a la hora de tomar decisiones, evidentemente bajo la supervisión de usted como adulto. Pero decisiones como un peinado, un corte de cabello o una vestimenta, hacen al niño aceptarse mejor, reforzar su autoestima y sentirse respetado en su cuerpo.

Como padres muchas veces deseamos que los niños solo disfruten de sus días y que sean muy felices en todo. Es normal desear que nunca sufran; sin embargo, sabemos que la vida está llena de altibajos, así que de vez en vez permitirles alguna frustración o decepción podría ayudarnos a enseñarles una gran lección. Conversando con una amiga, quien ya es una mujer adulta, me contó una parte de la historia de su infancia que la marcó. Me decía que de pequeña en su etapa de rebeldía le dijo a su madre que deseaba morirse o irse de esa casa. Fue ahí cuando su madre en medio de la frustración decidió tomar la situación en sus manos y tomó una vara y comenzó a golpearla e inclusive la colocó en su cuello, mientras le decía: ¿aún deseas morir? Este es un caso muy agresivo y un método de educación no recomendado ya que solo generó traumas en lugar de aprendizajes. Seamos sabios en la educación, el tema sexual nos afecta a todos en el hogar.

Deje que su niño diga lo que desea y lo que no; converse con él en caso de que sea algo de carácter obligatorio y explíquele por qué debe obedecer. Si no es obligatorio dele libertad en ciertas decisiones. Esto formará hombres y mujeres fuertes con decisiones más conscientes y sanas sobre ellos mismos. Decidir y equivocarnos es parte también de la vida.

"Hija, ve y saluda a tu tía, dale un beso". ¿Cuántas veces hemos escuchado esta u otras frases similares? Como padres muchas veces fallamos en querer obligar al menor a realizar acciones afectivas como besos o abrazos y olvidamos que el menor es dueño de su cuerpo. Les estamos diciendo a nuestros hijos que aunque ellos no deseen un contacto físico deben aceptarlo. Creemos que hemos educado mal al niño si no desea saludar de beso o abrazo a alguien y nos preocupa que sea antisocial, cuando en realidad el menor solo está expresando su sentir y necesidad en ese momento, y una necesidad es muchas veces la de estar solo o distante.

¿Le gusta que lo abracen o besen los extraños? ¿Qué le toquen el cabello sin pedirle permiso? Entre adultos sabemos que existen estándares y no nos gusta que se rompa nuestro límite de espacio personal. Inclusive conozco madres con varios hijos que no les gusta ser abrazadas. No le enseñe al menor a fingir; si no desea saludar de manera física, respete ese espacio; cuando fingimos sentimientos físicos nos podría afectar en lo sexual, no le enseñe al menor a fingir.

Si nosotros como adultos muchas veces no deseamos contacto físico, por ende el niño también merece respeto. Usted como padre le puede indicar a su familia y amigos que al menor no le agrada que lo besen o toquen sin su consentimiento y el niño aprenderá que no debe complacer a los demás si él no lo desea. Enséñele al niño a saludar de manera respetuosa cuando no desea contacto físico, esto también es educación. Enseñar al niño a hacerse respetar lo llenará de valor en la toma de decisiones a futuro. Si algún adulto o familiar se molesta por la decisión del niño, no es problema nuestro, estamos educando a un niño para que sea un hombre o una mujer firme en el futuro, así que nuestra prioridad será el sentir del niño.

Otras decisiones como la hora del baño nos permiten empoderar al menor, ¿le ha preguntado usted si desea que lo bañe o si desea bañarse solo?

Controlar el entorno y las decisiones del niño no siempre será posible, así que podemos esforzarnos y trabajar para empoderar al menor, demostrándole que él también es capaz de tomar decisiones correctas.

Cuando aprendemos a respetar el cuerpo de nuestros hijos como seres individuales e independientes, les permitimos ser ellos mismos y entendemos que la autoexploración a edades tempranas no es sinónimo de masturbación, podemos criarlos en amor y no en represión.

Enséñeles a sus niños a entender que cuando alguien desea un abrazo o un beso ellos pueden decidir con libertad darlo o no. Enséñeles a sentir y a conocer su cuerpo; por más que usted sea su padre o su madre, nunca será capaz de sentir por él, por lo cual, lo mejor que podemos hacer es enseñarles a conocerse. Y enséñeles que son responsables de cuidar su cuerpo conforme a los principios y valores de Dios.

¡Hablemos de abuso sexual y acoso!

Aprender a reconocer riesgos, decir que no y pedir ayuda, son las principales herramientas que usted le podrá brindar al menor en este tema.

La seguridad de un niño radica en la información que posea. Es por esta razón que es necesario enseñar a los niños a diferenciar las caricias que están bien, de aquellas que no lo están. Y destacar siempre que las que no son agradables, que son dolorosas y que están en contra de su voluntad deben ser detenidas y conversadas de inmediato. Recuerde que los niños no son los responsables de la situación, ya que son menores de edad, un consejo es nunca subestimar un comentario del menor sobre acoso o abuso sexual.

Comencemos por comprender que el niño no sabe qué es peligroso, no sabe qué es la maldad, no entiende el doble sentido, ni las malas intenciones. El niño no conoce el odio, ni puede determinar una situación de riesgo. Por ello, es responsabilidad nuestra protegerlos y educarlos.

Siempre que escucho consejos sobre agresión sexual, recuerdo el caso de una mujer que conocí; ella fue víctima de abuso sexual a sus veintiocho años. Me contó que nunca denunció la situación porque sentía cierta parte de culpa; pocos sabían lo que vivió. Nos sentamos a conversar y me dijo que su agresor fue un joven de su misma edad con el que estaba comenzando a salir; en un momento se quedaron solos en la habitación y él la forzó a pesar de que ella le indicó que no deseaba aquel acto sexual. Algo que me llamó mucho la atención fue que me comentó que en aquel momento su instinto de supervivencia fue aceptar la situación y guardar silencio en lugar de luchar contra aquel hombre, lo cual la hacía sentir culpable de la violación; culpabilidad por no enfrentarlo con firmeza. Sin ser niña, sin ser adolecente y estando consiente de lo que vivía no pudo salir de aquella situación, ya que el temor se apoderó de ella y su cuerpo reaccionó en su contra.

Cuando hablamos de agresión sexual o abuso sexual es importante rescatar y comprender que no todos los seres humanos actúan igual ante esos actos; aunque muchos creamos que lo mejor es gritar, correr, luchar contra el agresor, existe un fenómeno llamado *inmovilidad tónica* o *sideración*. Este fenómeno nos hace "congelarnos" o entrar en choque ante la situación; reconocemos el peligro que estamos viviendo, pero lo afrontamos de forma pasiva esperando que finalice. Esto le pasa a una gran cantidad de personas que son violentadas, asaltadas o inclusive lo vemos en la naturaleza, cuando algunos animales se enfrentan a su depredador.[1]

Como adultos no sabemos cómo vamos a reaccionar nosotros mismos, mucho menos sabemos cómo van a reaccionar nuestros hijos. Por esta razón es vital fomentar en casa la comunicación, y estar atentos a cualquier cambio de humor, físico o en la personalidad del niño; esto podría darnos un indicio de que algo está ocurriendo.

Lo fundamental en la educación es enseñarle al niño a gritar, a correr y a buscar ayuda en caso de que un desconocido le solicite ir con él, y a no aceptar regalos ni premios de parte de un extraño. Los menores deben tener claro que el acoso es todo aquello que ellos no desean hacer y que les causa dolor o enojo; y que nadie tiene por qué tocarlos.

Sé que no siempre podremos defender a nuestros hijos y no podemos tenerlos vigilados las veinticuatro horas de los siete días de la semana; pero una gran parte de los abusos sexuales infantiles se podrían prevenir si los padres estuvieran más atentos a las actividades de sus hijos. Es nuestra responsabilidad velar porque el menor tenga las herramientas para defenderse, pero también evitar esos momentos de peligro.

Converse todos los días con el niño o la niña sobre su día, pregúntele sobre cosas simples y cotidianas del día hasta llegar a los detalles de nuevos acontecimientos. Indague en su rutina y observe si reacciona diferente al contar algún hecho. Los niños podrían tener miedo de contarle o estar amenazados a no hacerlo. En muchas ocasiones el agresor hace creer a la víctima que fue de mutuo acuerdo o que la culpa es del que sufrió el abuso. Por eso su papel como investigador profesional en este caso será fundamental, llegue hasta donde note un pequeño agujero en la historia. Dios nos dio la sabiduría y el discernimiento para usarlos, actívelos en su día a día.

Dios nos dio la sabiduría y el discernimiento para usarlos, actívelos en su día a día.

Los niños que son víctimas de abuso presentan cambios físicos que nos pueden generar una alerta: dificultad para sentarse, sangre en su ropa interior, dolores e infecciones genitales. También presentan cambios de personalidad o carácter como temores, inseguridad, depresión, pesadillas, enojos y bajas en sus calificaciones, entre otras cosas.

Si detecta un posible caso de abuso sea inteligente, trátelo con cautela y respete la privacidad de la situación, no salga corriendo a contarle a todo el pueblo. Piense que esto es una marca profunda en la historia de ese menor y que jamás será borrada. Busque de inmediato ayuda profesional, asesoría médica y psicológica. No pierda la cordura, después vendrá la parte de buscar al agresor, lo primero y más importante es el niño o la niña que atraviesa por ese amargo momento. No reprenda al niño ni diga frases como "fue su culpa por…", la culpa nunca será del menor. La agresión sexual tiene un único culpable y es el agresor, sea cual sea la situación. Lleve de inmediato al menor a que le realicen un examen médico de ser el caso que la agresión haya transcendido a lo sexual.

Después de reconocer las señales, ya sean físicas, de personalidad o incluso el tono de voz y carácter del menor, siéntese a conversar con él, explíquele que existen personas que pueden ayudarlos y que son los superhéroes ante esas situaciones. Ármese de paciencia y fortaleza para poder escuchar lo que el niño tenga que decir. Consúltele en qué parte de su cuerpo lo han estado tocando. Muchos abusadores incluso podrían hacerle creer al menor que tocarlos es un juego y que no hay de qué alarmarse, de modo que el menor no sentirá dolor o vergüenza por lo que ocurre y, por ende, usted deberá entender el abuso, sin que el niño lo vea de esa forma.

En la red hay muchas páginas que tratan con estos asuntos. En una página en especial, las veinticuatro horas de los siete días de la semana, atienden a las personas que han sido víctimas de abuso sexual; es confidencial y amplían el panorama sobre cómo tratar este tipo de delitos. La página es: www.rainn.org/es; se la recomiendo si usted no sabe cómo dar ese primer paso de hablar con alguien al respecto. El primer paso y más complicado es comprender que el abusador es culpable de todo y perder el miedo a enfrentar la situación.

Cuando se sienta listo, reporte la situación ante las instancias correspondientes de su país sin temor alguno. Los procesos judiciales son lentos y engorrosos, pero debe hacerlo por amor y respeto a su hijo. Este proceso no será fácil, pero cuide de usted y del menor durante todo el proceso, rodéese de gente de extrema confianza y brinde información a una persona de su confianza en caso de que algo llegara a ocurrir; es importante que alguien pueda conocer la situación para actuar de inmediato.

¡QUE NADIE TOQUE SUS PARTES ÍNTIMAS!

El abuso sexual infantil es muy versátil, no es únicamente un acto que involucre penetración; según la página de RAINN, existen muchas formas de abuso sexual, donde se mencionan las siguientes:[2]

- Exhibicionismo, o mostrarse desnudo(a) ante un menor.
- Manoseos o caricias.
- Penetración.
- Masturbación ante un menor o forzar a que un menor se masturbe.
- Comunicaciones obscenas como: llamadas telefónicas, mensajes de texto o interacción virtual.
- Producir, poseer o compartir imágenes o películas pornográficas en las que participen niñas(os).
- Relaciones sexuales de cualquier tipo con un(a) menor, inclusive vía vaginal, oral o anal.
- Trata de menores con intenciones sexuales.
- Cualquier otra conducta sexual que es dañina para el bienestar mental, emocional o físico de un(a) niño(a).

Necesitamos que el menor sepa cómo se llama cada área de su cuerpo y enseñarle que si un compañero le toca el cabello no es igual a que le toque la vagina. Por eso debemos ponerles nombres reales a las partes de su cuerpo: "Nadie debe tocar tu pene, tu vagina, tus genitales, tus senos. Si algún desconocido o conocido te ofrece un premio por guardar silencio debes informárselo a tus padres o maestros, correr y pedir ayuda". Sea práctico y simple a la hora de explicar.

Hagamos prácticas en casa. Los niños aman la actuación, los juegos de roles y jugar a "como sería", entonces armemos un teatro en casa [busquen en internet "cómo hacer un teatro casero" y escojan el que más les guste] en el que por medio de máscaras y títeres representemos las diferentes maneras en como los agresores se acercan a los niños. Primero podemos representar la manera agradable en que tratan de convencerlos por medio de ofrecerles una y mil razones por las cuales obedecerlos, les ofrecen premios, llevarlos con sus papás, regalos y más. Después, podemos cambiar el juego y representar la forma en que los agresores se acercan a los niños ya no por las buenas, sino con amenazas. En todos los ejemplos es importante detenernos a practicar cómo debe ser la reacción del niño o de la niña y felicitarlos por su buena ejecución. Los niños aman repetir las películas porque así las memorizan, hagamos que este plan de prevención se les grabe de igual forma.

¡ENSÉÑELOS A RECONOCER RIESGOS, DECIR QUE NO Y PEDIR AYUDA: ES SU RESPONSABILIDAD!

> Los sabios son precavidos y evitan el peligro.
>
> —PROVERBIOS 14:16, NTV

Como padres responsables debemos entender que nadie tiene derecho de darles un beso a los niños si ellos no lo desean. Como lo mencioné antes, podemos enseñarles a saludar con toda educación de palabra a aquella tía que lleva días sin ver, pero no podemos obligarlos nunca a besarla o abrazarla aunque queramos porque estaríamos enviando una señal equivocada.

Conocí a un padre que no permitía que a su hijo le dieran dulces o premios a cambio de un saludo o un beso. Cuando recién lo decía, a muchos adultos no les gustaba la idea de que educara a su hijo de esa forma; sin embargo, esa educación reforzó en el niño que no debe aceptar premios a cambio de contacto físico. El niño simplemente decía que no cuando un adulto le ofrecía un dulce por un abrazo, estaba preparado.

Las dinámicas en casa, el diálogo y la continua recordación permitirán a los niños sentirse más seguros a la hora de enfrentar una posible situación de riesgo. Hágales una lista de las personas a las cuales pueden pedir ayuda en caso de que usted como padre no esté presente en ese momento.

No permita que nadie les diga a sus hijos que guarden un secreto de usted, aunque sea algo sencillo y de diversión. Muéstrese a su hijo como su persona de confianza en quien puede depositar todos sus secretos. Comente con sus hijos que ningún secreto debe hacerlos sentir tristes, nerviosos o amenazados.

No permita que nadie les diga a sus hijos que guarden un secreto de usted, aunque sea algo sencillo y de diversión.

Como adultos tenemos la responsabilidad de estar atentos a cualquier eventual cambio de actitud del niño o de la niña, asegurarnos qué situación les agobia y actuar de inmediato.

Cuando exista algún caso de abuso cercano a ustedes y el menor se entera, o si usted considera que está listo para identificar la situación, pregúntele: "¿Qué harías si te pasara?". Abra un espacio al diálogo siempre que le sea posible.

¡Rompamos los mitos que destruyen!

Me encanta hablar de mitos porque entre tanto ruido en internet y las famosas *fake news* o noticias falsas tendemos a perder la perspectiva de aquello que es real y aquello que es simplemente un mito. Desde pequeños nos han inculcado cientos de mitos, no por culpa de nuestros padres, sino de la sociedad en general que va heredándonos ideas equivocas.

MITO #1: Quienes son víctimas de abuso sexual, serán abusadores también.

La decisión de vida de cada uno depende de los valores inculcados y el apoyo que se obtuvo en determinadas situaciones. No es posible generalizar. Muchos abusadores sexuales nunca sufrieron abuso.

Las víctimas de abuso sexual no son culpables, son como su nombre lo dice: víctimas. Generar prejuicios alrededor de alguien que sufrió un trauma puede ser tan doloroso para el agredido como lo fue su abuso inicial.[3]

MITO #2: El abuso a niños no produce daños psicológicos porque están muy pequeños y lo olvidarán.

Todo abuso sexual, físico, mental o verbal producirá daños a futuro si no es tratado con responsabilidad y seriedad por profesionales. Si un niño pequeño sufre de una agresión, su responsabilidad se compone de dos aristas: primero, denunciar al agresor y, segundo, atender al menor con un especialista, aunque el niño tenga meses de edad.

MITO #3: Los abusadores sexuales son desconocidos o extraños que tuvieron una oportunidad.

La realidad es que, según estudios realizados, más del 90% de los casos de abuso sexual infantil se dan precisamente con familiares cercanos o conocidos.[4] Son personas que no solo tuvieron una oportunidad, sino que ya lo habían considerado. Por lo general, las personas no cometemos delitos simplemente porque un día nos levantamos con ganas de hacerlo, los seres humanos tendemos a guardar ese pensamiento y si no luchamos contra él y cerramos esa puerta, se vuelve cada vez más grande.

MITO #4: El abuso sexual es un problema de la clase económica más baja.

El abuso sexual no tiene clases, ni religión, ni país, ni raza, ni sexo, ni horas. Puede pasar en cualquier familia y en cualquier momento. Le puede pasar a una joven profesional exitosa como a una adulta mayor pensionada. El que usted tenga a su hijo con educación privada no le exime de ser una posible víctima. Sabemos que existen zonas más vulnerables por la condición de la vivienda y demás. Sin embargo, es triste analizar que en las estadísticas muchas veces solo se toman en cuenta los casos reportados en el sistema de salud pública y que muchos de los casos de abuso tratados por profesionales e instituciones privadas no son reportados, por lo tanto, la noticia no se hace pública como en la clase más baja

MITO #5: Actualmente existen más casos de abuso sexual.

Eso no es correcto, siempre han existido cientos de decenas de casos, pero ahora se denuncian más y la información está más a la mano gracias a la internet. Hace unos años ocurría algo y se contaba de boca en boca, hoy se publica en Facebook y a los cinco minutos puede ser tendencia mundial.

MITO #6: El abuso sexual se determina por la penetración.

No es verdad, en muchas ocasiones la penetración no se ejecuta, pero si hay manipulación, amenazas, roces, toqueteos y demás, y todo eso se considera abuso sexual. Inclusive un exhibicionista está cometiendo abuso.

MITO #7: Los niños sufren abuso solo por adultos.

Esto es incorrecto. Se dan muchos casos de otros niños que son abusadores sexuales desde pequeños debido a violencia o diversas circunstancias que viven en su hogar. Es importante aclarar que es diferente un niño que tiene curiosidad del cuerpo del otro y desea saber ciertas cosas, a un niño que agrede sexualmente al otro, actuando abusiva y violentamente. De ser el caso que tengamos en casa a un niño que es violento y que está actuando incorrectamente, debemos trabajar y resolver de inmediato esa situación con la ayuda de un especialista sin esconder la problemática.[5]

MITO #8: Solo los hombres son abusadores sexuales.

Si le dijera en este momento qué un niño de la comunidad fue víctima de abuso y que encontraron al abusador, ¿cómo se imagina al abusador? Por mucho tiempo hemos tenido la imagen de un hombre violento, desconocido y sin gracia alguna, ¿pero cuando hablamos de abusadoras? La verdad es que existen miles de casos reportados que indican que el abusador fue una mujer cercana a la familia a quien le confiaron el cuidado del niño.[6] Es por esta razón que no es lógico confiar en alguien solo porque sea mujer.

MITO #9: Si le ocurriera a mi hijo me daría cuenta de inmediato.

Muchos de los niños que sufren de abuso o agresión nunca en su vida cuentan las acometidas que les realizaban por estar bajo amenaza constante del agresor. Además, muchas veces como padres entramos en negación de que esta situación se dé en nuestra propia familia y tendemos a cerrar o a bloquear el tema para evitar el dolor.

MITO #10: Los hombres no son víctimas de abusos sexuales.

Como hemos escuchado por mucho tiempo que aquella niña fue violada, aquella adolecente fue abusada o que violentaron a una amiga, creemos que únicamente las mujeres estamos expuestas a abusos sexuales. La realidad es que tanto los hombres como las mujeres lo experimentan. Sin embargo, como sociedades que aún heredamos muchos patrones machistas, vemos a la mujer más débil en cuando a temas de abuso sexual y tendemos a hacernos la imagen de que los hombres podrían defenderse mejor.[7]

MITO #11: Los niños víctimas de abuso se harán homosexuales.

No existen datos que indiquen esto ni estudios que lo den por hecho; esto es únicamente un mito que por décadas nos han vendido sin fundamentos. Los niños que han sufrido abuso tendrán que enfrentar un proceso de sanidad interior y física más fuerte que la promedio, pero esto no está asociado en ninguna forma al homosexualismo.

MITO #12: El agresor tuvo sus razones, pero ya se arrepintió, si lo denuncio se complicarán las cosas y afectará más al menor.

Tengamos claro que no hay un solo hecho que justifique la violencia sexual. Todo adulto que atente contra la sexualidad de un menor debe ser juzgado con todo el peso de la ley. No podemos como iglesia aceptar que "ya se arrepintió"; debemos actuar como jueces justos y proceder a denunciar. Ese niño o esa niña el día de mañana crecerá y preguntará qué acciones tomamos para defenderlo. Por otro lado, si usted no está seguro de la integridad de una persona no la lleve a casa. Cuando lleve a un invitado a casa (pariente, pretendiente, amigo, pareja, novio, nuevas nupcias) tiene que estar seguro de que es de confianza. Evalúe siempre a las personas preguntándose a usted mismo: "¿Dejaría a esta mujer o a este hombre solo en casa con mis hijos?". Si la respuesta es no, no lo lleve a casa sin importar el vínculo que los una.

MITO #13: Los niños no dicen la verdad, son cosas que se imaginan o han escuchado.

Sabemos que los niños son seres muy creativos, cargados de historias y fantasías que nos llenan de buenos momentos. Preste atención a esas historias, pocas veces el menor va a inventar un cuento basado en hechos negativos. Cuando su menor le cuente cualquier asunto, préstele atención, trate la información con seriedad, indague más en su versión y por su parte investigue los acontecimientos.

Cuando su menor le cuente cualquier asunto, préstele atención, trate la información con seriedad, indague más en su versión y por su parte investigue los acontecimientos.

MITO #14: Los abusadores son provocados por las niñas.

La víctima nunca será culpable; el abusador es el único responsable de su acto. Por esta razón deberá ser juzgado con el peso de la ley que corresponda. Este mito viene a desenmascarar una sociedad machista cargada de estereotipos donde se justifica al agresor. "Es que ella andaba con un vestido muy corto", o: "Es que ella lo provocó con esa ropa", son frases que resguardan a un violador de ser visto con repudio en muchas ocasiones. Es momento de quitarse la venda y entender que el agresor siempre fue el culpable. Como hijos de Dios sabemos que no hay excusa o justificación para nuestro pecado y que somos completamente responsables delante de Dios por nuestros actos y por cómo manejamos las tentaciones. Por lo cual, si identificamos algún área de tentación debemos trabajar fuertemente cerrando puertas, sean emocionales o espirituales.

MITO #15: No es mi obligación denunciar sí sé de algún caso.

Un adulto que conozca de cualquier caso de abuso tiene la obligación y la responsabilidad de denunciarlo ante la ley, de no hacerlo se convierte en cómplice del agresor. Piense que ese niño necesita su ayuda porque solo no puede salir de ahí; ayude al niño a finalizar ese capítulo y no lo deje expuesto a más agresiones. Según las leyes de cada país, incluso si se determina que el niño le contó a usted sobre su caso de abuso y usted no presentó la denuncia, deberá enfrentarse a un juicio como cómplice de la situación.

MITO #16: Si se realiza una denuncia, durante la investigación separan al menor de su familia.

Muchos casos han quedado en el silencio debido a que la familia teme denunciar que su hijo fue víctima de agresión por algún familiar o conocido porque piensan que durante la investigación se llevarán al niño lejos de su hogar. La realidad es que mientras el niño no corra ningún tipo de riesgo en su casa podrá permanecer ahí, siempre y cuando el agresor no viva bajo el mismo techo. Al momento de realizar la denuncia, un profesional trabajará en conjunto con la familia afectada para darles las pautas a seguir. Recuerde que lo más importante es la integridad física y mental del menor.

CONSEJOS PARA PREVENIR UN ABUSO

Existen muchos consejos para educar a nuestros niños y niñas de modo que puedan reaccionar ante un posible riesgo de abuso. Según la oficina de la UNICEF en Argentina estos son los principales consejos que pueden ayudarlo a abordar el tema con sus hijos:[8]

1. Enséñeles a los niños y a las niñas los nombres de las partes privadas del cuerpo.
2. Enfatice que el agresor sexual puede ser tanto un familiar como una persona conocida o desconocida.
3. Hágales saber que tienen el derecho de decidir acerca de su propio cuerpo.
4. Bríndeles seguridad en sí mismos. Anímelos a decir ¡NO! cuando no deseen ser tocados, aun en formas que no sean sexuales (a rehusar cortésmente abrazos, por ejemplo).

5. Deje en claro que desde los tres años ya no necesitan ayuda de otros —adultos o adolescentes— para ocuparse de sus partes íntimas del cuerpo. Promueva la autonomía del niño para ir al baño, vestirse y bañarse.
6. Enséñeles a los niños, las niñas y los adolescentes a cuidar de sus partes íntimas del cuerpo para que no tengan que depender de otros.
7. Enséñeles la diferencia entre los buenos secretos (una fiesta sorpresa) y los malos secretos. ¿Qué es un mal secreto? Aquel que se supone que los niños deben guardar por siempre y esconde acciones que no están bien.
8. ¡Confíe en sus instintos! Si no se siente cómodo a la hora de dejar a un niño con alguien, no lo haga. Y si tiene preocupaciones acerca de un posible abuso sexual, adopte una actitud de escucha compresiva y haga las preguntas adecuadas.

¿Qué debe hacer si sospecha de un abuso?

En caso de que crea que su hijo está en una situación de riesgo o si su hijo fue víctima de una agresión sexual: mantenga la calma. No le demuestre al niño su condición de descontrol y evite que el niño se dé cuenta de que están viviendo una crisis.

Hable con el niño de forma natural, y busque respuestas a preguntas como: "Cuéntame ¿cómo te sientes?", "¿Con quién estabas?" y "¿Qué sucedió?". Después dígale al menor que usted como su adulto responsable lo ama demasiado, que buscará solucionar el problema, que él no debe preocuparse y agradézcale la confianza.

Debe evitar mostrar enojo o tristeza delante del menor porque el niño podría creer que es su culpa. Recuerde que el agresor pudo amenazarlo para que no hablara o hacerle creer que era su culpa.

Contacte de inmediato a un especialista, ya que es muy posible que usted también lo necesite para tomar las mejores decisiones en cuanto al proceso a seguir. No tome la situación en sus manos, llame a las instancias correspondientes: números de emergencias, denuncias infantiles, la policía u otros. Acuda a la instancia que considere prudente sin perder la cabeza. Recuerde que en este momento su hijo lo necesita más que nunca. Y si solo es una sospecha, no se quede con la duda, averigüe hasta llegar al final de la situación; Dios nos pedirá cuentas sobre cada uno de nuestros hijos y cómo los educamos.

Enseñe sabiduría en su hogar, la Biblia nos dice que los sabios son precavidos y evitan el peligro. Enseñe a sus hijos cómo cuidarse, a denunciar y evitar el peligro.

Quinto reto

Hoy es un buen momento para conversar; el niño será más sabio entre más información posea. Siéntese a conversar sobre el día del menor, ¿cómo te fue hoy? ¿qué hiciste en la escuela? ¿y en el tiempo libre? ¿cuéntame cómo te sientes? ¿con quién estabas? y ¿qué sucedió? Hablen sobre la diferencia entre los secretos buenos y malos, y dígale que nadie le debe pedir que guarde ningún secreto. Conversen sobre los nombres correctos para los genitales y explíquele que nadie debe tocar sus genitales.

— 6 —

¡EDUQUEMOS EL VALOR DE CADA ETAPA!

¡EDUQUE SIN MIEDO! LA EDUCACIÓN SEXUAL TAMBIÉN EDUCA LOS SENTIMIENTOS

ESTAMOS TAN APRESURADOS en lo que hacemos cada día, que se nos olvida detenernos a ver lo rápido que el niño o la niña va creciendo. ¿Estamos educándolos sobre las etapas sentimentales de la vida?

En este capítulo nos meteremos al mundo de los sentimientos, porque ahí es donde nuestros niños se verán sumergidos cuando deban tomar una decisión. Queremos educar a seres racionales y emocionales sin perder el balance. ¿Le cuesta pensar cuando debe tomar una decisión sentimental? ¿Le gana el corazón?

Cuando pensamos en educación sexual nos cuesta ver más allá de las relaciones íntimas o genitales; olvidamos que tenemos también relaciones de amistad, de noviazgo, compañerismo, familiares e inclusive con la sociedad en general. Estas relaciones deben hacernos sentir cómodos como seres humanos integrales. No podemos educar al niño para que sea únicamente "correcto" en sus relaciones de pareja; la educación va mucho más allá.

Con una buena educación sexual el niño podrá desarrollar relaciones más sanas en el transcurso de su vida.

¿EXISTE EL ENAMORAMIENTO EN LOS NIÑOS?

Según Freud los niños y las niñas desde muy pequeños comienzan a vivir el complejo de Edipo y de Electra, los cuales generan que el menor sienta amor, apego, dependencia y felicidad al lado de sus padres.[1]

¿Pero de otros niños? Como adultos tendemos a tratar de interpretar todo como adultos y olvidamos que los niños piensan y sienten distinto. Entonces, cuando dice que le gusta algún niño o alguna niña de la escuela no se refiere a lo mismo que significa para nosotros, sino a que con ese otro menor siente afinidad, atracción básica y emociones agradables; no existe ningún morbo o deseo sexual relacionado. Esto no es un problema ni debemos verlo como tal, sino como una nueva etapa de crecimiento en el menor. El principal sentimiento que tienen los niños por otros niños se llama afinidad, y el sentimiento por los adultos es admiración que los lleva a sentir amor hacia esas otras personas.

Si su hija o hijo menciona que le gusta algún niño de la escuela, no lo regañe, no se lo prohíba, recuerde que para él o ella es solo una frase y no tiene su contexto; aproveche ese momento para abrir el diálogo: "¿De verdad? Cuéntame, ¿qué te hace sentir? ¿qué piensas de él o ella?". Y si unos días después le vuelve a preguntar por aquella situación es normal que diga cosas como: "Ya Ariel no me gusta, ahora me gusta Luka". Los niños son muy cambiantes en estos temas porque no sienten ni piensan igual que nosotros. Hable con el niño y explíquele que esta etapa de su vida es para que tenga amigos y que los novios serán para cuando sea mayor. Hágalo con respeto sin amenazarlo con algún tipo de castigo ni le imponga prohibiciones que lo puedan confundir sobre sus sentimientos. En estos momentos refuerce en su hijo el sentido de la amistad. Recuerde tener paciencia a la hora de hacerle preguntas para buscar la información. Sea honesto y respete sus sentimientos.

No se ría de los sentimientos del pequeño ni permita que familiares o cercanos lo hagan. Permita al niño mostrar su afecto hacia otros y canalice ese sentimiento hacia algo positivo en su hogar. Respete el espacio personal del niño y no lo presione para que le cuente sus sentimientos.

Hoy enfrentamos un reto adicional porque los niños han ido evolucionando en su forma de sentir afecto por otros niños debido a su exposición a los medios de comunicación como el televisor y la internet, los cuales muestran una realidad muy explícita de lo que significa estar enamorado. Por lo cual, debemos estar atentos a los comportamientos que esté desarrollando el menor con los niños de su edad o en la escuela.

ENTENDAMOS A NUESTROS PEQUEÑOS

Complejo de Edipo

Este complejo nace del conocido psicólogo Sigmund Freud, el cual está basado en la historia de la obra de Edipo, el hijo del rey de Tebas, quien mató a su padre para casarse con su madre y quedarse con su reinado.

Es común que entre los tres y los cinco años el niño comience a experimentar un amor muy fuerte e idealizado por su madre, desea que le pertenezca solo a él y busca alejar a los demás hombres de ella, incluso a su padre, al cual ve como competencia. Esta conducta Freud la explica a través del nombre: complejo de Edipo.

En esta etapa es totalmente normal que diga frases como "mami es solo mía", "yo la amo más" y que lo acompañe con besos y abrazos constantes, es normal y permanecerá aproximadamente hasta los seis años. Es una etapa para disfrutarla, educar y entenderla. No hay por qué tener preocupaciones sobre la conducta en algunas ocasiones negativa hacia el padre y obsesiva hacia la madre. Después de superada esta etapa el niño comenzará a disfrutar y admirar más a su papá y buscará ahora parecerse a él.

Como en todo, existen casos aislados en los que el menor comienza a frustrarse en exceso por la relación de sus padres y nacen unos celos extremos que no son parte del comportamiento normal. Para estas situaciones se recomienda dedicar tiempo de calidad al menor, evitar competencias por la madre (o frases como "es mía") y no señalarle el comportamiento al niño ya que no es consciente de que está pasando por dicho complejo; para él su madre es su mundo.

No caiga en el juego del niño de luchar por "a quien pertenece mamá", ya que eso podría frustrar al niño y hacer la etapa más difícil. Marque los límites de forma contundente y amorosa.

Complejo de Electra

Este complejo también desarrollado por Sigmund Freud estudia el comportamiento de la niña en relación con sus padres. Esta es también una historia griega en la que la hija decide cobrar venganza por la muerte de su padre matando a su madre.[2]

Al contrario de Edipo, en el complejo de Electra vemos cómo la niña se enamora de su padre y ve a su mamá como la competencia de ese amor.

Es una etapa normal que va, al igual que en los niños, de los tres a los cinco años. Aunque este complejo genera muchos sentimientos en la niña hacia ambos padres es importante entenderlo y tomar medidas para abordarlo de la mejor manera. El enamoramiento de las niñas por sus padres hará que deseen siempre tenerlos cerca y recibir sus abrazos y besos; caso contrario hacia su madre, la cual buscarán que se vaya y no compita por ese amor; los celos serán muy notorios.

Con el tiempo, entre los cinco y seis años, las niñas dejarán de tener este comportamiento y se volverán imitadoras y amigas de sus mamás de manera natural. Sin embargo, si el comportamiento continúa, se podría tratar de una fijación, la cual se debería tratar con consejos prácticos en casa como motivar a la niña a desarrollar su autoestima; realizar actividades con la niña y su madre, para que identifique que no son competencia sino amigas; practicar una sana comunicación; tener paciencia para entender y superar la etapa; de ser necesario consultar a un especialista; y dejar claros los roles de cada uno los integrantes de la familia.

Este complejo se produce porque las niñas comienzan a diferenciar los sexos, comienzan a entender lo que es la admiración y los sentimientos de amor al sexo contrario, y su principal representante es su papá.

Ambos complejos comenzarán a manifestarse en los niños por el lenguaje y comportamientos de extremo afecto del niño a la madre o de la niña al padre. ¡Mi consejo es que como madre o padre disfrute al máximo esos momentos que estoy segura los extrañará en la adolescencia...! Pero de eso hablaremos más adelante.

Es importante no caer en el extremo de aceptar la situación y hacer todo lo que desea el menor, frases como: "Sabes que te amo, eres mi hija y también amo a tu mamá que es mi esposa", son esenciales en esta etapa.

Como en la mayoría de las etapas de los niños, es necesario que nos llenemos de paciencia, comprendiendo que la etapa es pasajera.

¡EL VALOR DE LA FAMILIA!

Me cuesta creer y me invade la tristeza de ver que como sociedad hemos ido perdiendo los valores familiares y cómo cada día nacen nuevas tendencias e idolologías que buscan destruir la base de la sociedad que es la familia. Una casa no es sinónimo de hogar y, lamentablemente, una familia no es sinónimo de felicidad. Hoy muchas familias se enfrentan a problemas diarios como violencia intrafamiliar, crisis económica e infidelidades, ante los cuales luchan para mantenerse unidas.

El amor familiar es la base del hogar. La familia es el pilar fundamental del crecimiento de los niños y es donde aprenderán a ser mejores personas, así como sobre valores y convivencia. Es en familia donde aprendemos a comunicarnos más y mejor; donde enfrentamos nuestros temores y superamos inseguridades. Es en el hogar donde moldeamos nuestra personalidad y resolvemos nuestras dudas.

El amor familiar es la base del hogar.

La familia es nuestra pequeña comunidad donde fomentamos el don del servicio y los valores, nos hacemos más humanos, más cercanos, aprendemos y educamos sobre empatía, perseverancia, responsabilidad, bienestar, y se destaca el valor individual de cada miembro, así como el valor grupal ante la sociedad. Una familia siempre está dispuesta a dialogar y esforzarse por ver bien a los demás integrantes.

Cuando hablamos de familia no hablamos únicamente de relaciones sanguíneas, los hogares con hijos adoptivos son cada vez más frecuentes;[3] y vemos como aquel niño está de igual forma a la expectativa de ser formado en los estatutos de su nuevo hogar. Cada niño es merecedor de un hogar digno donde se le respete y se le enseñen amor, fe y valores.

Como familia debemos tener claro el rol de cada miembro del hogar, sus deberes y privilegios. Como familia compartimos valores, creencias, aspectos culturales, además de buenos y malos momentos. No tenga temor de conversar con sus hijos sobre las responsabilidades que tienen como familia. En familia es donde podemos heredar y transmitir nuestra esencia.

En un inicio los niños no comprenden a profundidad los términos familiares como primos, sobrinos, tíos, abuelos, entre otros, pero sí entienden el vínculo afectivo que los une. Para reforzar estos parentescos existen muchas cosas que podemos hacer juntos como, por ejemplo, elaborar un álbum familiar o bien dibujar a la familia. Comience por enseñarles los términos de la familia directa: madre, padre, hermano, hermana, abuelo, abuela; y una vez que el niño los tenga claro, proceda con los demás familiares. Llame a sus familiares por el parentesco que tienen, por ejemplo: "¡Mira, ya llegó el tío Esteban, mi hermano!". Llévelos a pasear con familiares con frecuencia y permítales conocer algunas historias de ese hogar.

La relación de los niños con sus abuelos es fundamental a la hora de comprender el término familia. Si el niño tiene la dicha de tener a sus abuelos con vida, aproveche estos lazos y haga que el menor se enamore de esta parte primordial de la familia. Los abuelos, son eso: los abuelos. Usted que me lee y que es el padre o la madre deberá ser quien vele por la educación del menor. Así como nuestros padres lo hicieron por nosotros, es momento de hacerlo nosotros por nuestros hijos. Los abuelos (aunque nos hayan educado con firmeza) se encuentran en una etapa de su vida donde lo único que desean para sus nietos es que sean felices, complacerlos, darles amor incondicional y consentirlos. Así que deje que sus hijos experimenten ese sentimiento tan puro al lado de sus abuelos, esto les reforzará el término familia, sentirán que tienen derechos en ese hogar y aumentarán su autoestima. Cuando esté con sus padres demuestre con palabras, acciones y gestos el amor que existe entre ustedes, muéstreles a sus hijos el ejemplo de cómo ser un buen hijo o hija.

Crecer junto a su familia en un espacio de amor y cercanía es irremplazable para el desarrollo del menor. Cuando estamos en casa sentimos protección y apoyo. ¿Le ha pasado que desea salir del trabajo para ir a refugiarse a su hogar? Tenemos ese sentimiento porque sabemos que en ese lugar somos apoyados, escuchados y amados; y es precisamente el sentimiento que debe transmitir a los demás integrantes de la familia. Reforcemos en el hogar que cuando estamos juntos nos protegemos y salimos adelante en equipo. Realice juegos cotidianos con el niño y los integrantes de la familia en función de un equipo; cocinar juntos y hacer quehaceres juntos en cadena ayudarán al menor a comprender la importancia de cada miembro de la familia.

Cuando comencé a escribir este capítulo conocí a un hombre que se presentó con buenas intenciones, mucho carisma y bastante interés. Pasados los días me enteré de que era un hombre casado; y todos aquellos atributos no coincidían con su careta; la fidelidad a su familia, a su hogar, no existía. Como padres debemos reforzar la fidelidad familiar, enseñar que el respeto debe estar siempre presente y demostrar las ventajas de ser fiel a la familia. Un verdadero hombre o mujer de Dios entrega todo lo que le sea posible por su familia y se aparta de aquello que no le sea conveniente a su hogar. Si usted como madre o padre transmite ese sentimiento y ejemplo a sus hijos, ya los estará educando.

Recalque en su hogar que ninguno es más importante que otro, no importa si un hijo tiene un logro adicional o tiene mayores virtudes, todos tenemos la misma relevancia; todos valemos igual.

La sana unidad familiar está fundamentada es tres fuertes factores: la comunicación, el amor y el respeto. Debemos construir nuestra familia, nuestro hogar sobre la roca:

> Cualquiera, pues, que me oye estas palabras, y las hace, le compararé a un hombre prudente, que edificó su casa sobre la roca. Descendió lluvia, y vinieron ríos, y soplaron vientos, y golpearon contra aquella casa; y no cayó, porque estaba fundada sobre la roca. Pero cualquiera que me oye estas palabras y no las hace, le compararé a un hombre insensato, que edificó su casa sobre la arena; y descendió lluvia, y vinieron ríos, y soplaron vientos, y dieron con ímpetu contra aquella casa; y cayó, y fue grande su ruina.
>
> —Mateo 7:24-27

Si el niño vive en un hogar donde los padres se la pasan discutiendo, no se refuerzan valores en su día a día, ve agresiones entre sus padres o adultos de referencia, ¿cuál será la idea de ese menor sobre el contexto de familia? Conocí a un hombre de unos cuarenta y cinco años quien vivió una dura infancia con un padre agresor que pasó la mayor parte de su vida siendo infiel a su hogar y a su madre. Este hombre, de adulto, por más que trataba de salir de este patrón terminaba aceptando sus malas decisiones como algo natural, algo humano. Cuando crecemos con ejemplos negativos nos cuesta mucho desprogramar nuestro cerebro de aquellos ejemplos.

Pregúntese por unos momentos si su familia está dedicando suficiente tiempo de calidad a compartir, conversar, conocerse y unirse; ahí notará si están valorando o no a la familia.

El amor sin obediencia no es real, Jesucristo mismo nos enseñó a obedecerle. No podemos enseñar a los niños únicamente a amarnos, sino a cumplir lo que se les manda, ya que es en el hogar donde aprenderán y formarán su principal carácter de disciplina.

> Ustedes son mis amigos si hacen lo que yo les mando. Ya no los llamo siervos, porque el siervo no está al tanto de lo que hace su amo; los he llamado amigos, porque todo lo que a mi Padre le oí decir se lo he dado a conocer a ustedes.
>
> —Juan 15:14-15, nvi

¡El valor de la amistad!

> El hombre que tiene amigos ha de mostrarse amigo; y amigo hay más unido que un hermano.
>
> —Proverbios 18:24

¡Enseñar amistad es enseñar afecto sin interés! Desde pequeños conocemos a otros niños que nos enseñan a cosechar relaciones desinteresadas. Personas con características, gustos y preferencias muy afines a las nuestras, por lo cual generamos empatía.

Enseñarle al niño a generar relaciones de amistad, a cuidar ese amigo y que perdure con el tiempo, es necesario para el desarrollo social del menor a mediano y largo plazo. Como adultos debemos fomentar en el niño el valor de tener amigos de su misma edad; esto lo ayudará a trabajar ciertas áreas como compartir, respetar, conciliar y tolerar a aquellos que no siempre coinciden con él. Cuando el menor comienza a jugar con otros notará que no siempre se hace lo que él desea, sino que debe esperar su turno o bien conciliar con otros sobre qué jugar o hacer. A pesar de que la amistad nace sin planearlo, el niño debe aprender a cultivarla.

A pesar de que la amistad nace sin planearlo, el niño debe aprender a cultivarla.

Incluso vemos como muchos menores a estas cortas edades, en su afán por jugar con otros o cuidar de sus amigos, crean los famosos amigos imaginarios o le dan vida a un juguete llamándole mejor amigo. El niño o la niña están en una etapa de experimentar sentimientos, de modo que están sintiendo por primera vez lo que significa jugar con otro, hablar con otro, ser escuchado y comprendido.

Pasados los cinco años, el menor comienza a decidir quién es su amigo y quién no. Vemos cómo seleccionan a aquellos con quienes se identifican más y mejor. Los niños no tienen filtro para contar quien les cae bien o mal; inclusive cuando les presentamos a otro adulto nos dicen: "No lo quiero", "No quiero hablarle" o: "No me cae bien", dado que el menor está comenzando a experimentar que también puede decidir sobre sus relaciones interpersonales.

Como adultos vemos la amistad como aquella persona que nos comprende, atiende y escucha, los niños lo interpretan como aquel niño que juega, comparte con ellos y los respeta.

Enseñemos a los niños qué tipo de actividades realizar con sus amigos. Enséñelos a compartir sus juguetes, a jugar en grupo y no siempre solos; que salgan a jugar al jardín o a los toboganes del parque; las actividades al aire libre son fortalecedoras de relaciones. Si le es posible lleve a otros niños o a ese amigo de su hijo a pasear con ustedes. Permita que el niño comparta más tiempo del acostumbrado junto a sus amigos. Y además del entretenimiento y la convivencia, aproveche esos lazos de amistad para que el niño estudie con otros; aprender entre ellos les permitirá debatir conocimientos y fortalecer sus argumentos.

Tener amigos y compartir con otros niños genera mayor bienestar en el menor y lo llena de energía y autoconfianza. Cuando los niños no poseen amigos tienden a ser depresivos e inseguros, se sienten solos y poco comprendidos, principalmente si están rodeados únicamente de adultos. Y les costará ser más sociables a la hora de enfrentarse a otros niños en la escuela. La Biblia y su sabiduría nos enseña que tener amigos es tener a esas personas en quienes apoyarnos en todo tiempo, incluso cuando la situación no es buena.

> En todo tiempo ama el amigo, y es como un hermano en tiempo de angustia.
>
> —Proverbios 17:17

El principal valor que debemos inculcar en los menores es que para *tener* buenos amigos, ellos deben primero *ser* buenos amigos. Converse con su hijo o hija sobre aspectos que lo harán ser un buen amigo como, por ejemplo, ayudar a su amigo si tiene algún problema, escuchar a su amigo cuando le cuente una historia, defender a su amigo si algún otro niño lo está tratando mal, compartir juntos los juguetes e incluso los postres, no decirse apodos u ofensas entre sí y pasar tiempo de calidad y respeto. El menor debe tener claro que la amistad se basa en dos personas. Usted como adulto observe si el niño está siendo correspondido en esa relación para no forzarla ni provocar un efecto negativo en el menor.

¡El valor del amor!

Enseñar amor no es tarea sencilla. ¿Cuántos adultos no fracasamos frecuentemente en nuestras relaciones amorosas? Todos los días aprendemos y desaprendemos sobre el amor. Pero qué rico es sentirnos amados, especiales e importantes para otros.

Desde que el niño nace todos nos dedicamos a demostrarle amor, a hacerlo sentir especial e inclusive muchos adultos excedemos las demostraciones de amor hacia el niño en estas primeras etapas. ¿Está el niño preparado para responder a esas muestras de amor? Lo cierto es que la personalidad del niño puede ser muy distinta, ya que muchos son muy reservados a la hora de demostrar afecto, lo cual no es algo negativo, sino que requiere paciencia y comprensión.

Obligar a un niño a mostrar afecto podría tener consecuencias graves como vimos en el capítulo de abusos sexuales. El amor debe nacerles y hacerles sentir en paz consigo mismos y correspondidos. No enseñe de amor imponiendo. Eso no es amor es obligación, y se acepta por temor. Hablemos en familia de cómo nos queremos y de cómo podemos luchar para demostrarlo. Todos tenemos formas distintas de demostrar y recibir amor, hablemos también de cómo nos gusta que nos demuestren que nos aman. Pregúntele al niño: "¿Cómo sabes que te amo?". Esto lo guiará a aquello que él ve en usted y que lo hace sentir especial. Pero nunca use esto en contra del menor, aunque se encuentre muy molesto con él por alguna desobediencia. Esta información será exclusivamente para no dejar de demostrarle que lo amamos, sobretodo en momentos cuando el niño cree no merecer amor.

El niño que aprende a amar y a entregarse por otros sin esperar nada a cambio, tendrá mayor probabilidad de ser pleno y feliz.

El niño que aprende a amar y a entregarse por otros sin esperar nada a cambio, tendrá mayor probabilidad de ser pleno y feliz. Cuando el menor ayuda a otro y nota resultados positivos comenzará a sentirse valorado e importante y esto incrementará su deseo de repetirlo. Reconozca a sus hijos cuando hagan bien las cosas y cuando demuestren amor hágales saber que los admira por eso y felicítelos. Demuestre en su familia —que es donde el niño aprenderá a amar— que no importa si se equivocan o cometen algún error y que el amor no cambia ni se negocia. En el hogar los primeros humanos que rodean al niño son sus padres o familiares, si el niño aprende amor en esta etapa le será más fácil expresar sus sentimientos.

Muchas veces el padre es quien tiene la mayor dificultad para demostrar sus sentimientos, y cuando el menor es varón esto le hace creer que debe contenerse y ser más reservado; sin embargo, esta tendencia debe erradicarse; el niño o la niña deben tener la libertad de expresar sus sentimientos por igual y demostrar lo que sienten sin importar su sexo.

Durante la vida, los niños van a experimentar diferentes tipos de amor, como el amor platónico, el amor de sus padres, el amor incondicional de Dios y hacia Dios, el amor familiar y el amor propio. Quisiera enfatizar dos tipos de amor: el propio y el amor a Dios, ya que es nuestra responsabilidad que ese niño o esa niña se ame y se acepte a sí mismo con sus defectos y virtudes; su reafirmación será fundamental en la autoestima del menor. Por otro lado, el mayor ejemplo de amor que tenemos proviene de Dios, así que cuando hablamos de amor en nuestro hogar es primordial que partamos de los principios que hemos recibido a través de las enseñanzas bíblicas. Meditemos un poco sobre la parábola del hijo pródigo, un padre que amaba a su hijo y quien aun viéndolo equivocarse no negocia ese amor, recibiéndolo con los brazos abiertos cuando el muchacho acepta su equivocación y decide regresar a casa. Como padres debemos predicar con ese amor real, sincero que perdona y acciona. La Biblia nos da una explicación clara y real de lo que es el amor: el amor es sufrido, es benigno, sin envidias.

> El amor es sufrido, es benigno; el amor no tiene envidia, el amor no es jactancioso, no se envanece; no hace nada indebido, no busca lo suyo, no se irrita, no guarda rencor; no se goza de la injusticia, mas se goza de la verdad. Todo lo sufre, todo lo cree, todo lo espera, todo lo soporta. El amor nunca deja de ser; pero las profecías se acabarán, y cesarán las lenguas, y la ciencia acabará.
>
> —1 Corintios 13:4-8

El valor del amor se predica con el ejemplo. El amor es un sentimiento que cuando es correcto viaja en dos vías. Si usted desea recibir amor de los niños debe demostrar amor por ellos. Y quizá se pregunte: "¿Cómo le demuestro amor al pequeño?". Por medio de dedicarle tiempo de calidad, abrazos, elogios y palabras de afirmación que refuercen su autoestima. Además, los niños tienen la capacidad de sentir lo que usted les trasmite; cuando está molesto o cuando está feliz el niño lo percibe. Enseñemos a los niños a mostrar su amor a través de palabras y acciones. Una forma que tiene el niño de demostrar amor es realizando cartas y dibujos, motívelo a hacerlas para sus seres cercanos y felicítelo por su talento para mostrar afecto. Como dijo el escritor Paulo Coelho: "Y es que el amor no necesita ser entendido, simplemente necesita ser demostrado".[4]

Evite criticar o juzgar a otros —he escuchado a muchos padres hablarles mal a sus hijos incluso de un familiar—; sea sabio y si requiere desahogarse de alguna situación delicada con otro adulto, procure no hacerlo delante del pequeño, los niños no tienen la madurez para interpretar el sentido de sus palabras.

Un consejo para enseñarle al menor a amar y cuidar de otros, en caso de que no existan hermanos en el hogar, es obsequiarle una mascota. Así le hará entender que el amor conlleva responsabilidades como: darle de comer, bañarla, cambiarle el agua, llevarla al médico, y que disfrutar de la compañía de la mascota y jugar con ella es el beneficio.

El significado del amor

Quise hacer una prueba y me fui a consultar a algunos niños sobre ¿qué significa para ellos el amor? Me llevé algunas sorpresas con las respuestas. Sorpréndase usted también con la respuesta de sus hijos, anímese a preguntarles. Aquí les comparto lo que me dijeron:

"Cuando mi papá se pone perfume en la mañana porque a mi mamá le gusta como huele", Brandon, seis años.

"Cuando mi hermano me presta su patineta porque la mía se dañó", Marcelo, siete años.

"Amor es cuando mi papá no quiere comer verduras y mi mamá le da más puré", Rebeca, cinco años.

"Mi mamá me ama porque cuando no puedo dormir me canta una canción", Valentina, cuatro años.

"Cuando se me cayó el helado y papi me compró otro", Daniel, cinco años.

> ¿Quién de ustedes, si su hijo le pide pan, le da una piedra? ¿O si le pide un pescado, le da una serpiente? Pues si ustedes, aun siendo malos, saben dar cosas buenas a sus hijos, ¡cuánto más su Padre que está en el cielo dará cosas buenas a los que le pidan!
>
> —Mateo 7:9-11

¡El valor del matrimonio!

Vivimos en un mundo donde los principios cristianos están siendo más que atacados; a los jóvenes se les vende la idea de que los valores de sus padres y abuelos están desactualizados y cada vez son más las escenas en películas o series que nos hablan de cambiar el chip mental y vivir relaciones abiertas. El matrimonio hoy ha perdido su importancia, las uniones de hecho y demás uniones actuales, han perjudicado el matrimonio. Como creyentes debemos enseñar el verdadero significado del matrimonio; sabemos que es bíblico, así que lo enseñaremos bajo la luz de la Biblia.

El matrimonio es una institución creada por Dios la cual está basada en un pacto incondicional entre el hombre y la mujer, no es una creación de hombres. El matrimonio nos enseña sobre fidelidad, perdón, paciencia y amor. El matrimonio es un principio bíblico, por lo cual hablar de matrimonio sin creer en Jesucristo, sin creer en Dios, no es lógico. Caso contrario las uniones civiles y legales. Vemos como en la Biblia Dios nos enseña en Génesis 2:18: "Y dijo Jehová Dios: No es bueno que el hombre esté solo; le haré ayuda idónea para él". Dios desea y decide que estemos juntos, por esa razón nos crea, pero más adelante en Génesis 2:24 menciona: "Por tanto, dejará el hombre a su padre y a su madre, y se unirá a su mujer, y serán una sola carne". Vemos entonces como el matrimonio no es un simple: "Sí, acepto"; decidir unir nuestra vida con otra persona nos hace una sola carne. Este principio bíblico no puede ser ignorado, no podemos enseñar de Dios, fe, amor y familia si no damos las bases suficientes para que el menor comprenda la importancia del matrimonio. Si usted no ha tenido éxito en su matrimonio, es madre o padre soltero, eso no implica que vaya a hablarle mal a su hijo del tema. No se requiere estar casado o vivir un matrimonio perfecto para educar bajo principios bíblicos. Que el niño vea el matrimonio de sus padres tener éxito o no, no es algo que deba afectar sus decisiones a futuro, lo que las podría afectar es la educación que se le dé sobre el tema.

El matrimonio es una institución creada por Dios la cual está basada en un pacto incondicional entre el hombre y la mujer, no es una creación de hombres.

Una de las principales preguntas que hará el niño es: "¿Para qué casarse? ¿Qué es el matrimonio?". Considero que explicar el matrimonio no tiene por qué ser complicado: dos personas que se aman deciden unir sus vidas y no romper esa promesa. La mejor manera de educar sobre matrimonio es por medio de formar en compromiso y fidelidad. Enséñele al menor a cumplir sus promesas y ser fiel a sus principios. Quienes creemos y amamos a Dios, confiamos en que la bendición de Dios es grande cuando lo obedecemos y actuamos conforme a su voluntad, y una forma de demostrar obediencia es ordenando nuestra vida con un matrimonio correcto. El adulterio es un pecado que debemos tener claro y enseñarlo con firmeza, aunque este podría ser tema para niños más grandes o inclusive hasta la adolescencia. Instruir a nuestros hijos en que todo tiene un tiempo y que no existe ninguna presión que deban sentir en la sociedad por contraer matrimonio, será clave. Actualmente, ser virgen, no tener pareja, no haber besado o estar soltero, son razones de presión para muchos niños y jóvenes.

> No os conforméis a este siglo, sino transformaos por medio de la renovación de vuestro entendimiento, para que comprobéis cuál sea la buena voluntad de Dios, agradable y perfecta.
>
> —Romanos 12:2

Hace tiempo escuché una frase que surgió cuando le consultaron a un adulto mayor por qué hace muchos años los matrimonios duraban más, y respondió: "Porque en mis tiempos si algo no servía se reparaba, no se tiraba a la basura". Creo que debemos regresar a nuestras raíces, dejar de centrarnos en los problemas y comenzar a centrarnos en las soluciones. Un matrimonio exitoso es el que cuida su relación todos los días y, por ende, educa, enseña y protege a su familia bajo principios cristocéntricos. Si en casa están atentos siempre a intentar realizar bien las cosas y se hablan con respeto y amor, su hijo lo absorbe. Pregúntese cómo ve usted el matrimonio y cómo le gustaría que su hijo lo vea, con base en la Biblia. Dios nos enseña que no es bueno estar solos, el matrimonio nos da compañía y evita la fornicación. El sexo antes del matrimonio hace que el matrimonio pierda valor. Quienes no trabajan por sacar adelante su matrimonio y no se preocupan por su pareja también actúan mal. Si anhela ver a su familia unida y a sus hijos felices y con valores firmes, trabaje en su matrimonio; el matrimonio es la base de la unidad familiar, y funciona cuando los fundamentos son firmes.

Como iglesia creemos firmemente que el matrimonio es entre un hombre y una mujer. Eduquemos con amor y rigor, ya que no podemos crear futuros hombres y mujeres de fe con base en prejuicios. Cuando enseñamos y educamos bajo la luz de la Biblia, vemos con muchos ejemplos como Jesucristo amaba el pecador, más no el pecado. La forma de actuar conforme a Cristo no es aceptar lo que venga, es aprender a respetar para tener una convivencia más sana con quienes nos rodean y ser testimonios de amor, tal como lo haría Jesucristo.

Si requiere ayuda matrimonial o consejería búsquela en un lugar controlado y fuera de casa preferiblemente. Los cambios positivos de actitud y las pequeñas acciones amorosas que vendrán como resultado de trabajar en su relación se reflejarán no solo en el matrimonio, sino en el hogar. Al igual que la educación en valores se debe trabajar a diario, el matrimonio también. Dios planeó y diseñó el matrimonio para que usted y yo lo vivamos plenamente, y eso es lo que nuestros hijos deben aprender.

Una vez escuché decir a un pastor que aquellas cosas que amamos y nos llenan de orgullo las ponemos a nuestro nombre: si tenemos un vehículo queremos que sea nuestro cuanto antes, al igual que una casa o propiedad. El matrimonio funciona igual, nos llena de orgullo saber que algo que amamos estará a nuestro nombre. Lo que realmente nos importa lo ponemos a nuestro nombre.

> Lo que Dios ha unido que no lo separe el hombre.
>
> —Marcos 10:9, nvi

¡El valor del sexo! Se ha preguntado: ¿Cómo?, ¿Dónde? y ¿Cuándo?

Cuando nuestros hijos crecen desean experimentar cosas nuevas, hoy la sociedad y la TV no los dejan esperar demasiado antes de despertar su deseo sexual. El sexo no será un tema que podamos ni debamos ocultar, no es un tema malo del cual no debamos conversar. Todo lo contrario, debemos buscar conversarlo en el hogar. Desde que su hijo nace viene con sus genitales, los cuales comenzará a notar conforme avanzan los años y sentirá esa curiosidad natural. Hable de sexo con ellos mientras se bañan, cuando vean una mujer embarazada o cuando sea momento de enseñarle a ir al baño. Todos son momentos claves para enseñarle la diferencia entre el cuerpo de una mujer y un hombre. Recuerde siempre preguntar qué piensa y qué sabe ya el niño, con esta información podrá explicar de una mejor forma. Deje que el niño plantee sus consultas e inclusive que lleve el hilo de la conversación. No es necesario que estén en un lugar a solas para conversar de esto, hable cuando están de paseo, cuando van en el auto o cuando el niño lo pregunte. No existe una edad única o un momento único para hablar de sexo, esto es algo continuo. No sienta preocupación por estas consultas. Es algo natural y no será la última vez que pase. Si usted actúa mal, el niño puede pensar que es porque algo anda mal con su cuerpo.

El sexo es una bendición que Dios nos da, siempre que lo usemos como se debe. Dios tiene una bendición especial para quienes entienden que las relaciones sexuales en el matrimonio son puras. De igual forma no podemos juzgar a quien ya se entregó en algún momento, ya que esa persona puede decidir esperar y guardarse a partir de ahora para su complemento real en el matrimonio. La pornografía en los tiempos de la internet es complicada, ya que podría aparecer incluso en el juego más inocente que el niño descargue. Enséñele al menor qué debe y qué no debe ver para evitar que un día simplemente llegue contándonos lo que siempre aparece en su pantalla e incluso llegue a pensar que la pornografía es algo normal y cotidiano. Recuerdo una canción que nos enseñaron cuando estaba pequeña en la escuelita dominical de la iglesia que decía: “Cuidado mis ojitos lo que ven, cuidado mis oídos lo que oyen, en el cielo está el Señor y él nos mira con amor, cuidado mis ojitos lo que ven". Hoy creo que aquella canción, que en ese entonces no comprendía de qué trataba, me ha acompañado a la hora de tomar decisiones. Soy consciente de que los tiempos han cambiado, pero Dios no ha cambiado. No hemos recibido una nueva versión actualizada de la Biblia para los tiempos donde todo es bueno y nada es malo. Jesucristo perdona nuestros errores. Pero no ve con agrado al que lo sigue cometiendo sin sentir culpa alguna. Eduquemos sobre levantarnos y comenzar de nuevo, la restauración es válida y es por gracia, pero no eduquemos sobre encariñarnos con la misma piedra.

> ... El que de vosotros esté sin pecado sea el primero en arrojar la piedra [...] vete, y no peques más.
>
> —Juan 8:3-11

Recuerde que cuando habla de sexo, está hablando de salud sexual y reproductiva, no es únicamente explicar lo que es el coito. Si informamos a los niños desde pequeños, tomarán mejores decisiones. La educación escolar acercará a nuestros hijos a temas de reproducción, les enseñarán sobre órganos reproductivos y sexualidad general. Pero es nuestra responsabilidad como padres educar bajo los principios cristianos, sin perder la realidad que vive nuestra sociedad. El menor tendrá muchas dudas a la hora de enfrentarse a un hogar cristiano y una escuela o televisión que le dice muchas veces lo contrario sobre lo que en realidad es el sexo. A los tres y cuatro años los niños ya ven diferencias, a los siete u ocho años comprenden que deben proteger su intimidad, a los once o doce llega la menstruación o comienzan los cambios de voz, a los catorce o quince comienzan a pensar en encuentros sexuales. Mida la edad de su menor y sea sabio para abordar el tema.

Cuando hablamos de sexo con niños, debemos explicarles qué significa la privacidad. Esto lo aprenden con ejemplos simples en casa como tocar la puerta antes de entrar a la habitación, no revisar los cajones de sus papás y respetar el tiempo de otros a solas en el baño. Enséñele a mantener la privacidad de sus genitales con excepción de sus padres o el médico.

En la actualidad, las corrientes nos guían a ser liberales y a vivir bajo impulsos más que por convicciones. No obstante, lo fácil nunca es bueno, lo mejor es aquello que nos cuesta alcanzar. No nos graduamos de la universidad en tres días, ni aprobamos un examen sin estudiar. Enséñeles a los niños a usar las armas que nos da la Biblia: oración, ayuno, discernimiento, dominio propio, sabiduría, fe. El niño al igual que el adulto siente satisfacción al saber que una persona del sexo opuesto siente atracción e interés por él. Dios desea que tengamos lo mejor para nosotros, Él nos quiere dar a la mejor persona, en el mejor momento. Dios creó el sexo, pero le puso un manual de uso: matrimonio. Los niños deben comprender que el sexo no es necesario en el noviazgo, pero no vamos a mentir que existe el deseo. Recordemos que la etapa del noviazgo no es algo que dure, sea que finalice o que migre al matrimonio, entonces ¿para qué tener relaciones en una etapa transitoria? Los niños se verán presionados por propuestas cuando comiencen a crecer, enséñeles que si alguien los ama, les pedirá que se casen no que se acuesten únicamente. Debemos enseñarles a los niños que son libres y que no tienen por qué verse obligados o presionados a tener relaciones sexuales. Decidir esperar es parte de su libertad.

Eduque a sus hijos a aprender a esperar desde que estén niños. No les dé todo cuando lo pidan, enséñeles el valor de esperar (le recomiendo el libro de mi amiga Stephanie Campos, *El valor de la espera*, Lake Mary, FL: Casa Creación, 2016) y que si esperan llegará algo mejor. Haga el ejercicio mientras cocinan, deles a probar pan crudo o una sopa fría, y enséñeles que si esperan pueden inclusive arreglar el pan con algo más. Nadie se arrepiente de esperar a tener relaciones en el matrimonio, pero sí muchos se arrepienten de no haberlo hecho. Lo romántico no es sinónimo de lo sexual, si esa persona no puede esperar a tener relaciones, no te ama. Recuérdeles a sus hijos que ellos y los demás deben respetar su cuerpo y no permitir que nadie les diga cómo, dónde y cuándo.

Nadie se arrepiente de esperar a tener relaciones en el matrimonio, pero sí muchos se arrepienten de no haberlo hecho.

Hoy, muchos profesionales en sexualidad dicen que es ilógico tratar de luchar por esperar cuando es algo natural en el cuerpo. Pero sabemos que como hijos de Dios deseamos agradarle y obedecerle, y que existen muchos deseos que debemos controlar, como robar, mentir o engañar. Así que nuestros principios no se negocian. Esperar no es algo único de los "religiosos" o "conservadores", esperar es de valientes, y en especial de aquellos que han decidido construir la relación de noviazgo con base en el amor y no en el sexo. Cuando se comienza a tener relaciones sexuales a corta edad, los estudios y las relaciones interpersonales y familiares se ven afectadas, ya que el niño o joven, aún no está preparado para tratar con estos instintos, por lo cual el sexo comienza a someter su vida, y todo empieza a girar en torno a lo sexual. Por más trillado que suene, enséñeles a sus hijos que el mejor método que existe para no contagiarse, no padecer consecuencias y no sufrir de un embarazo no deseado se llama *abstinencia*.

Existen cambios corporales que los niños deben conocer. ¿A qué edad puedo hablar con ellos de eyaculación y menstruación? A los doce años en promedio, un día los niños caen en cuenta que mojaron su cama y que no es sudor ni orina ni nada que hayan conocido antes, es una eyaculación. Mientras que de los nueve años en adelante, en cualquier momento, las niñas verán un día sangre en su ropa interior, su primera menstruación. No sería adecuado esperar a que llegue ese momento para hablarlo, podemos un día casualmente conversarlo con anticipación, esto reforzará el tema en familia, ya que posiblemente cuando esos momentos lleguen no se harán públicos. Pero tendremos la confianza que les dimos a nuestros hijos las herramientas de conocimiento. Mi historia… recuerdo que faltaba una semana para cumplir los once años, yo había escuchado en los pasillos de la escuela el tema de "la regla", pero nunca le había prestado atención; en casa vivía rodeada de hermanos hombres, mi mamá y mi papá. Fue ese 4 de mayo, cuando vi sangre en aquel calzón azul, y de inmediato pensé: *¿Cómo lo comunico? ¿Qué hago? ¿Qué digo?* Y entonces se me ocurrió: *Botaré este calzón en algún basurero público, alguien lo notará y me preguntará*. Fue entonces que mi madre lo vio y vino a mí (que me había encerrado en un baño a pensar cómo resolver aquello), y me dijo:

—¿Laura, sabes lo que acaba de pasar?

Y le grité desde adentro:

—Sí, pero no lo quiero.

Qué difícil ser mujer y ser niña también. Nadie lo prepara para esos cambios. Lo animo para que no espere a que ocurra; vaya y hable a tiempo. ¿Cuándo? Cuando la edad esté cerca, cuando se preste el momento, cuando el niño pregunte o cuando sienta hacerlo, no existe un momento único.

Hagamos una lista de los principales consejos para hablar de sexo con sus hijos:[5]

- Comience por quitarse la vergüenza, el niño tiene una duda natural y no está hablando de usted ni de su intimidad.
- La pregunta del niño no necesariamente es explícita, consúltele primero que opina él, qué piensa que significa eso que está consultando. Indague qué es lo que el niño quiere saber, ya que puede ser algo simple y es usted quien está imaginando algo más sexual. Los detalles sexuales no son necesarios, el niño tiene preguntas generales que usted debe responder con simpleza. No dé detalles, ni mucho menos eróticos o explícitos.
- El niño siente si usted se incomoda, así que hable naturalmente.
- Llame cada parte del cuerpo con su nombre real, no use apodos u otros términos.
- Hable claro, no es una cátedra universitaria, el niño requiere respuestas simples.
- Aclare las dudas todas las veces que sea necesario.
- Si no sabe algo, no tema decirle al niño que lo investigará y cumpla su promesa de responderle; o bien, trabajen juntos en investigar.
- Ponga atención al comportamiento del menor ante sus respuestas
- No genere morbo, ni muestre que oculta algo de información. Sea honesto.

- Haga de la respuesta una conversación, pregúntele qué más desea saber y qué sabe del tema. Cuando terminen de hablar pregúntele qué entendió del tema.
- Por ninguna razón lo regañe ni muestre reacciones que puedan hacer sentir mal al niño.
- No mienta, ni evada el tema, conteste lo que le preguntan no más ni menos. Mida la pregunta de su hijo.
- Pregúntele al niño dónde lo escuchó y qué piensa al respecto
- Siempre que sepa la respuesta responda, aunque sea básico
- Involúcrese en la curiosidad del menor, esto desarrollará una mejor relación.
- Explique lo que es bueno y lo que no. Con base en la verdad.
- No haga diferencia en hablar de sexo con una hija que con un hijo, ambos tienen sus dudas y el tema se debe tratar con igual seriedad.
- Si su hijo le pregunta a usted no le diga: "Pregúntale a tu mamá", o viceversa. El niño con quien tiene confianza en ese momento es con usted. No sabemos si ese niño ya había pensado cómo preguntarle y al fin se animó.
- Agradézcale por preguntarle y dígale que siempre estará ahí para resolver sus dudas. Felicítelo por buscar respuestas en usted.
- Si nota que su hijo está intrigado con respecto al sexo, pero no se atreve a preguntar, rompa usted el hielo. Pregúntele: "¿Qué piensas de esto? ¿Qué te gustaría saber?". Esto evitará que dé información de más y pueda asustar o traumar al menor con información que no estaba listo para asimilar.
- Aproveche ese momento que su hijo le está dando. Si llegó antes de esperarlo, hable sin miedo. Ese fue el momento que el niño escogió.
- Si por el contrario, el niño no desea hablar, no lo obligue. Quizá aún no está preparado para el tema.

- Use sus experiencias, cuente qué pensaba cuando tenía su edad y hágale saber al niño que es normal que él también tenga esas dudas.
- Converse, esa es la clave, una interacción de dos vías. No sea únicamente usted el que hable porque a los minutos el niño dejará de ponerle atención y quizá no era eso lo que quería saber.
- Respete sus opiniones y escuche lo que tiene el menor que decir, pero si es necesario corríjalo contándole ejemplos de la realidad, ya que es nuestra obligación guiar e instruir al niño. Hay tendencias hoy que dicen que debemos dejar al niño tomar sus propias decisiones, pero olvidan que el menor está en un proceso de aprendizaje, si no le enseñamos, entonces ¿quién lo hará?
- Deje de cuestionarse sobre el mundo que deberá enfrentar su hijo y mejor piense: *¿Qué clase de hijo le voy a heredar al mundo?* La principal razón por la que vamos a enseñar a nuestros hijos, y por la cual deben esperar es esta: obediencia a Dios.

Sexto reto:

El reto de este capítulo será salir a realizar una actividad al aire libre juntos, hablen sobre sus compañeros de la primaria: "¿Cómo te sientes con ellos? ¿Te gusta alguien? ¿Con quienes juegas? ¿Qué piensas de ellos?". Interésese en conocer lo que el menor siente. Además, asígnele al niño una tarea como equipo en los quehaceres para que comprenda su importancia dentro de la familia. Todo con el fin de que el menor comprenda sus roles dentro de la sociedad, la familia y los amigos.

— 7 —

¡PREJUICIOS, ETIQUETAS Y ESTEREOTIPOS QUE DAÑAN EL CORAZÓN!

¡DIGAMOS ADIÓS A LOS PREJUICIOS!

ES DIFÍCIL ENTENDER como padres que nuestros hijos no son copia de otros, que nuestros niños no deben ser como sus primos, amigos, compañeros o vecinos. Debemos aceptar que tenemos un niño o una niña cien por cien diferente a los demás. Si otros niños ya van al baño solos y el nuestro aún no, ¿qué problema hay? Juzgamos a nuestros niños sin sentido, con base en la observación simple y no en la comprensión. Cuando reprimimos a los niños en sus necesidades básicas, traemos consecuencias a futuro en ellos, generando incluso represiones sexuales. Cada niño debe crecer a su ritmo. No más rápido ni más lento. Hoy todo lo queremos rápido; en la fila del trabajo para el uso del microondas vemos como todos desesperan cuando el primero en la fila coloca minuto y medio su plato. Nos hemos acostumbrado a la inmediatez y, como padres, caemos en el error de presionar de esa forma a los pequeños a crecer. A su corta edad debemos educar con amor y con paciencia; la presión solo hará que el menor sienta inseguridad de sí mismo, haciéndolo creer que es más lento o que posee algún problema. Muchos niños desean salir a la calle vestidos llamativamente, con colores o combinaciones poco populares y nos preocupa que sean víctimas de acoso o que sean juzgados, o que nosotros seamos señalados por permitirle eso al menor. Piense muy bien y tome su tiempo para reflexionar cuando se encuentre en esta situación: ¿qué es más importante, lo que le enseñará al menor (sentirse respetado por sus decisiones) o lo que digan o piensen los demás? Recuerde que esta etapa es única, ya luego crecerán y vestirán y actuarán de la manera en que la sociedad considere correcto.

Existen momentos cuando sentimos que los que nos rodean son mejores o peores que nosotros en ciertas situaciones y se nos olvida analizar que todos somos muy distintos. Los niños no son la excepción, ellos también tienen derecho a ser lentos o rápidos, tímidos o expresivos. Cuando los juzgamos a ellos, nos juzgamos a nosotros mismos, al pensar que hacemos lo correcto y ellos deben imitarlo, pero no notamos que somos dos seres muy distintos. Empiece el día en su hogar con una sonrisa, no apresurado por el trajín diario. Si debe levantarse antes, haga su esfuerzo. Demuestre en casa que ser parte de esta familia es algo por lo cual estar agradecido. Tómese su tiempo y relájese cuando esté con su niño, ellos no tienen por qué comprender su ritmo diario o el estrés de su trabajo. El mundo de ellos es usted como padre o madre. Piense lo siguiente: ¿desea en ocasiones regresar a los tiempos de niño cuando no tenía estrés? Pues trate que su hijo o hija también pueda decir eso algún día.

Empiece el día en su hogar con una sonrisa, no apresurado por el trajín diario.

Entendamos que un prejuicio es cuando juzgamos antes de tiempo, cuando sin las bases necesarias damos una opinión acerca de algo antes de conseguir las evidencias, es un juicio previo. Cuando un niño no nos contesta al primer llamado y decimos: "¿Estás desobedeciendo de nuevo?". Y quizá fue que el menor no alcanzó a escuchar el llamado; eso es un prejuicio. Como sociedad estamos cargados de prejuicios, por ejemplo, cuando atrapan a una persona que viste de manera humilde decimos que fue quien robó y no vemos al que pasó al lado en traje entero. La sociedad juzga muchas veces antes de conocer la versión oficial. Lo vemos hoy con las redes sociales donde todos expresan lo que creen sin siquiera leer la noticia, vemos que las noticias falsas son compartidas por cientos que no se tomaron el tiempo de abrir el *link*, pero si querían juzgar lo que mencionaba. Los prejuicios por lo general son negativos y afectan a alguien directamente. Incluso hoy vemos como muchos se dejan llevar por prejuicios contra personas de otra religión, raza, sexo u otra ideología política, lo cual provoca incluso agresiones físicas.

Hablar con nuestros niños sobre prejuicios no es tarea fácil, es educación que debe comenzar a temprana edad cuando el menor comienza a notar diferencias físicas, de lenguaje y culturales en otras personas. Recuerdo a una niña de unos cuatro años que llegó a casa y le contó a un amigo de raza negra que estaba ahí que ya se había aprendido los colores, entonces él le dijo: "¿De qué color soy yo?", ella tomó unos minutos y le respondió: "Marrón". Seguido, mi amigo le consulta: "¿Y de qué color eres tú?". Ella tomó aún más tiempo para definirse y decir: "Rosa".

Vemos que los niños vienen libres de prejuicios. Enseñar a respetar las diferencias raciales, culturales y de ideología debe ser como enseñar una nueva materia en la que se requiere involucramiento y reiteración. Desde los seis meses de edad un bebé puede notar las diferencias entre una persona negra y una blanca. Y es hasta los diez u once años que los niños arman su idea al respecto. Por lo tanto, como padres tenemos bastantes años para lograr reducir los prejuicios en la mente de nuestros niños. Siéntese a conversar y explíqueles que existen diferencias físicas y mentales, enséñeles que deben comportarse de igual forma ante unos que otros, ya que todos somos iguales y todos tenemos derecho a ser respetados. Para que su hijo esté libre de prejuicios usted como padre debe ser ejemplo, piense en aquellos prejuicios que usted ha expresado o ha pensado y corríjalos. Cuando tenga la oportunidad preséntele a los niños personas diferentes a ustedes, de otra raza, de otra cultura o de otra religión; luego en casa comenten qué pensaron al respecto y cómo siendo diferentes debemos respetarnos. Por ejemplo, si usted es blanco y conocen a una persona de raza negra, muestre a su hijo las diferencias de color y dígale lo hermoso que es que todos seamos de distinto tono de piel. Los niños creen ciegamente la palabra de mamá y papá, además de otros adultos de su entorno, por ello si decimos comentarios ofensivos o despectivos de ciertas personas, etnias o religiones, el niño crecerá creyendo esas palabras como una realidad, ya que las palabras de mamá y papá son sagradas.

Para que su hijo esté libre de prejuicios usted como padre debe ser ejemplo.

Para evitar que el niño cargue con prejuicios, preste atención a los comentarios y consultas que realice el niño, podría ser que esté escuchando comentarios ofensivos en la escuela o sea él quien los está viviendo en su contra. Pregúntele dónde lo escuchó o qué piensa y siente al respecto. Es vital explicarle al menor que a pesar de vivir en una familia donde respetamos, conocerá a muchas personas que no lo harán quienes podrían ser ofensivas o violentas. Recuerde que educar, informar y respetar no es aceptar. Una vez que somos conscientes de la situación que vive el menor debemos actuar, resolver la situación desde la raíz y hacer al menor parte de la solución. Debemos velar porque el menor no sea víctima de *bullying*, ataques o acoso en su centro educativo o en algún otro sitio, y que tampoco sea él quien realice el acoso en contra de sus compañeros o amigos. Esto solo se logra con una sana y completa educación en el hogar.

¡Niños libres de etiquetas!

El estereotipo es pensar que las personas que comparten cierta cultura, cierta religión o cierta familia, son iguales en algún aspecto, por lo general negativo. Por ejemplo, cuando decimos que todas las personas que viven en cierto lugar son delincuentes o que todos los niños de aquella escuela son malos estudiantes. Como sociedad estereotipamos constantemente cuando decimos que todos los políticos son corruptos o que todos los iraníes son terroristas. Incluso tenemos estereotipos que creemos que son buenos como que todos los asiáticos son muy inteligentes para la tecnología.

Por otro lado, están las etiquetas, que es precisamente lo que vamos a estudiar. Las etiquetas son más personales, son aquellas "pegatinas" que les ponemos a las personas sobre lo que pensamos que son. Por ejemplo, hay un niño que le va muy bien en las tareas de la escuela entonces de inmediato decimos: "Es muy inteligente". Pero está su opuesto que le fue mal en un examen de matemáticas y decimos: "Es muy lento para las matemáticas".

Existe un grave peligro en colocar etiquetas a los niños. Como adultos muchas veces tendemos a dar nuestra opinión sobre nuestros hijos, u otros niños, sin medir lo dicho, y esto podría traer consecuencias fuertes a futuro. Cuando etiquetamos al menor estamos dando un juicio de valor que podría afectar la autoestima y el desarrollo de ese niño con relación a nuestra palabra. Escuchamos con normalidad que muchos padres dicen: "Es que él llora por todo", "Siempre anda enojado", "No le gusta que le ayuden", "Es muy cabezón", "Solo hace lo que quiere" y muchos otros más que se convierten en etiquetas del menor, y les hacen creer que eso son, sin posibilidad de cambiar. Peor aún, cuando como padres le repetimos esto constantemente al menor o les mencionamos la etiqueta negativa a otros delante del niño. Cuando colocamos etiquetas en el menor le faltamos al respeto. Muchos padres cuando se habla de este tema comentan que solo deseaban decirle al niño que ejecutaba una mala acción, el problema es que están dirigiendo sus palabras al niño y no a la acción, en lugar de decirle: "Lo que hiciste estuvo mal", le dicen: "Eres malo".

Lo más triste de las etiquetas es que harán que el niño crea lo que le dicen que es y no conseguirá cambiar esa actitud, sino podría empeorar.

Tenemos dos principales tipos de etiquetas, las positivas y las negativas. Palabras hirientes como "no sirves para nada", "eres un inútil", "no haces nada bien", "eres feo", "eres un vago", son etiquetas evidentemente negativas. Y por otro lado tenemos las etiquetas positivas como "eres muy inteligente", "eres muy atractivo", "me encanta que seas tan responsable", "sé que puedes hacerlo", siempre y cuando no se utilicen para ejercer una presión que ocasione más bien un trauma en el menor por temor a decepcionarnos. Es necesario quitar de nuestro vocabulario las etiquetas negativas y comenzar a comunicarnos correcta y respetuosamente. Al hacerle notar las cualidades positivas del niño logramos más que señalando las malas. Las frases en las que reforcemos sus habilidades y le indiquemos las acciones que deseamos que realice serán más certeras, por ejemplo, dígale al menor: "Haz la tarea, ¡sé que te quedará estupenda!", o: "¡Sé que quieres llorar y tienes derecho, cuéntame qué ocurre y te ayudo a resolverlo!". Lo que le diga a los niños que piensa de ellos marcará su vida. Colocar etiquetas negativas no es la solución para ver cambios de actitud. ¿Cómo podemos luchar contra estas etiquetas? Aquí vemos algunas formas de trabajar día a día este tema:

- No use palabras negativas para referirse al menor.
- Escuche al niño, entiéndalo y aconséjelo sabiamente.
- No utilice apodos en o fuera del hogar. Sé que es complicado, pero enseñar respeto es fundamental. Predique con el ejemplo.
- Resalte las circunstancias positivas de su menor. Básese en la comprensión y en el reconocimiento del esfuerzo de lo que el niño realiza, el niño irá dando pasos poco a poco, los cuales son reflejo de que existe un esfuerzo del menor por realizar un cambio. Reconozca esos cambios y motívele con palabras de afirmación.
- Convénzase usted mismo, primero, de que su hijo puede cambiar.
- Recuerde que los cambios no son repentinos, elogie los pequeños pasos.
- Felicítele cuando realice alguna acción de mejora sin que se le haya solicitado.
- Si se equivoca o retrocede, conversen y muéstrele una nueva oportunidad.
- Haga comentarios positivos de él delante de terceras personas.
- Trabaje constantemente en desprender la etiqueta negativa del niño, use los ejemplos idóneos y el tiempo que sea necesario.

¿Como adulto tiene alguna etiqueta que desearía quitarse? Quizá cuando niño le hicieron creer algo o actualmente en el trabajo su jefe le ha dicho cosas negativas sobre su esfuerzo y eso lo ha desmotivado. Conozco el caso de adultos que han sido víctimas de etiquetas negativas por parte de sus parejas sentimentales y han tenido problemas para renunciar a esa idea de sí mismos, incluso en otras relaciones. Medite en eso y así podrá ponerse en el lugar de sus hijos. Busque la forma de cuidar sus palabras y pensar positivamente sobre sus niños. El poeta, novelista y dramaturgo Johann Wolfgang von Goethe dijo la siguiente frase: "Trate a las personas como si fueran lo que deberían ser y las ayudará a convertirse en lo que son capaces de ser".[1]

¿Con qué tono de voz conversa con sus hijos? ¿Con qué tono de voz se comunican nuestros hijos? ¿Le ha dicho al niño que pida disculpas y lo hace solo por obligación entre dientes? ¿Qué le enseñamos con esto al niño si aceptamos esa actitud? En muchas ocasiones queremos mostrar autoridad y obligamos al niño a disculparse, aunque sea de mala forma; y con esa actitud la única lección que estamos dando es la de mentir, la de fingir emociones que no sentimos y librarnos con ello de las responsabilidades. Antes de esto, debemos educar y reforzar el arrepentimiento real y sincero, y el deseo de no realizar aquello de nuevo y, ahora sí, disculparse por lo ocurrido, ya con conciencia del daño ocasionado.

¡Juntos por la igualdad!

¿Tenemos claro qué es la igualdad? La igualdad significa que todos los individuos sin importar sus diferencias biológicas tienen el mismo valor, los mismos privilegios y las mismas responsabilidades; los mismos derechos y las mismas obligaciones.[2] Como vimos en el capítulo tres, existen diferencias entre los hombres y las mujeres que nosotros como padres debemos celebrar, ya que al hacerlo honramos y agradecemos a Dios que nos hizo así. Por eso es necesario afirmar a nuestros hijos de manera responsable en su propia identidad.

La ideología de género tratará de decirnos que la igualdad significa que ser hombre es lo mismo que ser mujer y que ambos son intercambiables. No hay nada más alejado de la realidad. Tener el mismo valor y los mismos derechos y obligaciones no significa que seamos lo mismo. Conforme a la Escritura cada uno de los sexos no solo es distinto biológicamente, sino que su diseño les permite desarrollar actividades diferentes que llamamos roles. Estos roles, practicados de la manera apropiada establecen el fundamento de la sociedad que es la familia. Como todo en la vida, las cosas buenas que Dios creó para que las disfrutemos y con ello lo honremos y le demos gracias y seamos un reflejo de su Reino (Efesios 5:21-33), el enemigo las ha pervertido y las ha convertido en algo dañino.

Esto ha llevado a tener hombres inútiles que solo se dedican a ganar dinero para mantener sus vicios. Y mujeres oprimidas por estos hombres que se ven orilladas a sacar adelante solas su familia. ¿Cómo es que hay hombres que no saben lavar su ropa interior, hacerse un huevo cocido, planchar una camisa o atender un niño y que sean tan irresponsables que en lugar de ver por su familia gasten su dinero en entretenimientos y bebidas? ¿Cómo es posible que los hombres solos no puedan sacar adelante una familia, mientras que las mujeres teniendo todo en contra lo hagan con sacrificio y perseverancia? No podemos darnos el lujo de seguir perpetuando este sistema corrompido, pero tampoco podemos permitirnos caer presa de las mentiras de la ideología de género.

De modo que todavía hoy persisten ciertos estereotipos dañinos de género heredados de generaciones anteriores que obstaculizan la sana igualdad bíblica y que es necesario identificar y combatir. Los niños juegan con coches y las niñas con muñecas, ¿lo ha escuchado? ¿cree que debe ser así? Estos estereotipos de género por lo general comienzan así, desde muy chicos cuando desean jugar con otro tipo de juguetes y los adultos no se los permiten. En estudios recientes, varios científicos se abocaron a la tarea de comprobar si la preferencia de los niños de diferentes edades por los juguetes etiquetados para su género se debe a una presión de los padres o a un gusto personal, y han descubierto que, en general, los niños prefieren los juguetes que están dirigidos a su género.[3] Pero dentro de ese gran porcentaje que elige libremente juguetes dirigidos a su sexo también han descubierto que hay individuos que al darles la libertad de elección escogen algo distinto a la generalidad.[4]

Nosotros como padres tenemos la gran oportunidad de extender la libertad de Dios en nuestra casa. Como los estudios dicen, por regla general nuestros hijos escogerán juguetes tradicionalmente dirigidos a su género, pero necesitamos ser sensibles y darles la libertad de que ellos los escojan así y que no sea una imposición cultural.

Por eso, yo pienso que no deberían existir juguetes para niños o juguetes para niñas. En caso de que nuestros hijos sean de los individuos que escogen jugar con juguetes no tradicionales es importante que los validemos y los apoyemos y que sepamos que también se ha descubierto que, en general, la libre elección de juguetes, así como también la imposición de juguetes tradicionales en la infancia no impacta a largo plazo en su identidad como hombres o mujeres. En general, los niños y las niñas con libertad para elegir que viven en un ambiente que afirma su identidad terminan abrazando la identidad de cómo han sido creados. Al contrario, una preocupación excesiva con este tema lo que provoca es un distanciamiento entre los niños y los padres que sí afecta negativamente el desarrollo personal del menor. Cuenta una de las futbolistas más exitosas de Costa Rica a nivel internacional que cuando era niña la criticaban porque deseaba jugar fútbol y que no existía un equipo donde jugar con otras niñas; los vecinos decían que era extraña por querer hacer algo de hombres.

Los estereotipos son útiles para explicarnos el mundo y nos ayudan a navegar situaciones sociales y culturales con mayor rapidez. Los estereotipos comienzan a grabarse en la mente del menor y se vuelven un reflejo. No obstante, como todo en la vida, existen estereotipos benignos y estereotipos dañinos. Los dañinos son aquellos que provocan ruptura de relaciones, cierran los canales de comunicación, cortan sueños, truncan iniciativas y nos llevan a creer que algunas personas no tienen el mismo valor, los mismos privilegios, responsabilidades, derechos y obligaciones que otras personas o, incluso, que nosotros mismos. Si no son tratados a tiempo, los estereotipos dañinos pueden fijarse en la mente de nuestros hijos. Como ejemplo tenemos a Marie Curie quien como mujer tuvo que luchar en contra de los estereotipos de su época para destacarse como científica y catedrática en el área de la física. No podríamos entender la medicina moderna sin los avances logrados gracias a sus descubrimientos. Por ende, es importante enseñarles a nuestros hijos que como hombres pueden lograr lo que sea y como mujeres también sin tener que dejar de ser hombres o mujeres.

Hay muchísimos niños y niñas en las escuelas que se encuentran oprimidos por prejuicios sexistas, donde el niño cree que tiene la obligación de ser mejor que las niñas, hacerlas a un lado e incluso ser servido por ellas; mientras que vemos niñas que creen que son débiles o inferiores, que su valor depende de lo que digan los niños y que no consideran desarrollarse plenamente en las oportunidades que tienen a la mano por considerarlo fútil a largo plazo, ya que en casa han aprendido que las mujeres solo sirven para atender a los hijos y a los hombres. Vemos en la Biblia que Proverbios 14:1 nos enseña: "La mujer sabia edifica su casa; mas la necia con sus manos la derriba". Todavía más, en Proverbios 31:10-31 aprendemos que la mujer a la cual Dios considera virtuosa trabaja, compra, vende, atiende su casa, tiene criadas, estudia y compra terrenos, siembra viñas, tiene negocios, es incansable, da a los necesitados, es industriosa, tiene éxito en lo que emprende y gracias a ella su marido es conocido entre las autoridades de su ciudad. Requerimos educar hombres y mujeres fuertes basados en principios bíblicos como santidad, gracia, obediencia y fe y educarlos con la visión bíblica correcta para que aprovechen sus estudios y las oportunidades que se les presentan y no permitir un abuso por malos estereotipos de ninguno sobre el otro.

La igualdad es el trato sin ningún tipo de discriminación por raza, sexo, clase social, afiliación política, nacionalidad, religión o cualquier otra característica. Es un derecho fundamental del niño ser tratado sin discriminación sin importar cualquiera de las realidades antes mencionadas. Cuando permitimos cualquier tipo de trato distinto estamos discriminando y marginando al niño o a la niña. Cuando practicamos la igualdad trabajamos fuertemente en el concepto de tolerancia, educando al niño y a la sociedad en general a respetar las diferencias y dando el mismo valor a los individuos.

La igualdad es el trato igualitario, sin ningún tipo de discriminación, sin poner de por medio raza, sexo, clase social, política, nacionalidad, religión o cualquier otra característica.

La Biblia nos enseña también sobre la igualdad. Nuestro manual de vida nos dice en muchos versículos la importancia de respetarnos y amarnos los unos a los otros. Comparto aquí algunos versículos que nos dan esta guía de cómo comportarnos:

El rico y el pobre tienen esto en común: a ambos los ha creado el Señor.

—Proverbios 22:2, nvi

Porque no hay acepción de personas para con Dios.

—Romanos 2:11

Entonces Pedro, abriendo la boca, dijo: En verdad comprendo que Dios no hace acepción de personas.

—Hechos 10:34

Ya no hay judío ni griego; no hay esclavo ni libre; no hay varón ni mujer; porque todos vosotros sois uno en Cristo Jesús.

—Gálatas 3:28

Una familia que cree en la igualdad:

- Le da libertad al niño de elegir con qué juguetes desea jugar.
- En temas deportivos, respeta libremente la decisión del niño, sin coaccionarlo.
- Le enseña a los niños y a las niñas por igual a atenderse solos, a hacerse de comer, lavar su ropa, plancharse y a ser independientes, así como a servir a los demás en los mismos aspectos. Ambos pueden hacer de comer para la familia, lavar la ropa de la familia, salir a trabajar, educarse, planchar para todos y servirse unos a otros.
- Le enseña a los niños y a las niñas que pueden trabajar y ser exitosos en lo que decidan emprender.
- Presta atención al lenguaje que esté usando su hijo o hija; existen muchas películas, canciones y series que fomentan la desigualdad, y el niño sin desearlo podría estar memorizando esas ideas.
- Utiliza un lenguaje libre de prejuicios sexistas.
- Le da ejemplo al niño por medio de hacer las tareas del hogar entre todos, lavar el auto, cocinar juntos, entre otras actividades. Y reparte equitativamente las tareas de la casa.

- Refuerza los logros y buenas acciones del niño sin importar el sexo.
- Enseña a discernir situaciones incorrectas al ver una película o leer un cuento y habla sobre lo negativo de la historia en caso de ser sexista.
- No reprime las lágrimas ni la expresión libre de los sentimientos, además de enseñar la templanza y el dominio propio, sin importar si el menor es niño o niña.

Como madres y padres tenemos una responsabilidad enorme en la educación igualitaria, ya que nuestras enseñanzas forjarán el carácter y creencias del menor. Uno de los mandatos que Dios nos da en la Biblia es amar al prójimo como a nosotros mismos, y no podemos amar sin respeto. Como hijos de Dios debemos ser testimonio de respeto y tolerancia, utilizar los frutos del Espíritu y tener templanza y dominio propio. Sabemos que para erradicar la crianza machista y discriminatoria por sexo falta mucho, pero empecemos en nuestro hogar que es donde tendremos que brindar un día cuentas. Soy consciente que muchos de nosotros no fuimos criados en hogares donde se fomentara la igualdad entre hombres y mujeres, pero no es una excusa para no luchar hoy como padres en nuestro hogar. Génesis 1:27 nos enseña que ambos (hombres y mujeres) fuimos creados a imagen de Dios y que su propósito es que estemos unidos: "Creó, pues, Dios al hombre a imagen suya, a imagen de Dios lo creó; varón y hembra los creó".

¿Quién corre más rápido? ¿quién se comporta peor? ¿quién come más? ¿quién es más educado? ¿cuál de los dos es más fuerte? ¿quién es más sensible? Y podría seguir mencionando cientos de preguntas a las que usted tendría que responder si la niña o el niño, y notará sus estereotipos ya bien definidos. Si su hija ama el fútbol o el boxeo, enséñele campeonas mundiales de esos deportes. Si su hijo ama el ballet o cocinar enséñele referentes también. El que les gusten cosas diferentes a los estereotipos tradicionales no significa que tengan una distorsión en su identidad sexual. Cuando el niño nace no sabe que existen estereotipos dañinos que lo atacan por su sexo, por esta razón es de suma importancia educar desde que el menor esté pequeño en aspectos de igualdad. Muéstrele al niño historias que usted conozca que han resultado en tragedias por hacer diferencias entre hombres y mujeres, y comenten juntos cuál pudo ser la mejor solución para no llegar a eso.

Como mujeres estamos destinadas a conocer y a enfrentarnos a una sociedad aún machista, cargada de etiquetas por ser mujer. Desde que nacemos nos dicen "siéntate bien", "no juegues tan brusco", "come poco para que no engordes", "las niñas buenas no juegan así" y cientos de frases más que desde muy temprana edad nos catalogan como mujeres débiles e indefensas que debemos lucir bien para cuidar del hogar y los niños. ¿Es acaso igualdad lo que se está enseñando en nuestra sociedad? Existen libros incluso donde hablan de relaciones de pareja que indican las características que debe tener o aparentar la mujer para que no "asuste" al hombre; y entre ellas mencionan que una mujer muy segura de sí y más exitosa que el hombre podría ahuyentarlo. Esto es una lucha constante que no ha finalizado, enfoquémonos en luchar desde nuestro hogar, potencializando los talentos que tiene tanto el niño como la niña. No eduquemos mujeres débiles, maltratadas o dependientes, ni hombres agresores, abusivos o inseguros.

Lastimosamente, el machismo no es cuestión de hombres únicamente. En nuestras sociedades se nos ha machacado tanto el machismo que encontramos cientos de mujeres machistas que educan hijos e hijas machistas. Recordemos que las personas machistas no nacieron así, sino que fueron criados así.

Enseñemos al hombre a defender a la mujer, y a la mujer a defender al hombre. Cualquiera de los dos que agreda a otro debería ser reprendido de igual manera para eliminar cualquier forma de violencia, sea entre niños, entre sus familiares o incluso contra su mascota. La violencia debe ser erradicada de inmediato. El ejemplo en el hogar será determinante; si en su casa existe violencia intrafamiliar, el menor repetirá esos patrones. Lastimosamente, los niños que vivieron en un hogar violento durante su infancia tendrán más posibilidades de agredir a su pareja de adultos, y las niñas que también lo vivieron tienen más posibilidad de ser agredidas en sus futuras relaciones. Dichosamente, esto no es mandatorio, sino solo una probabilidad.

Lleve a su hogar películas o libros con ejemplos de personajes que han roto los esquemas y han decidido triunfar en aquello que les apasiona a pesar de cualquier sexismo, solo asegúrese que sean personas que tengan una identidad saludable como hombres y como mujeres. Muéstreles a sus hijos que su carrera como profesional o sus éxitos no dependen de su sexo.

En muchas ocasiones el niño deberá realizar labores del hogar o de cortesía que no desea, pero es parte de la educación básica, la cual como padres responsables debemos inculcar. Los principios tales como honestidad, buenos modales, respeto y tolerancia no son negociables. Sin embargo, como adultos somos capaces de medir qué situaciones ameritan o no ser de carácter obligatorio. Cuando reprimimos la sexualidad de un niño en su forma de expresarse o sentirse, al convertirse en adulto será más propenso a mostrar ciertas señales de esa represión como la masturbación, en muchos casos compulsiva. Además, en sus relaciones con quienes lo rodean, será una persona incluso más tímida que el promedio y con menor autoestima o, contrariamente, más violenta.

Los hombres y las mujeres que celebran y afirman la identidad que Dios les ha dado viven felices y en armonía consigo mismos y los demás. La igualdad no significa que hombres y mujeres seamos intercambiables. Significa que como hombres y como mujeres tenemos el mismo valor y que podemos ejercer nuestros derechos y llevar a cabo nuestras obligaciones con responsabilidad, así como lograr lo que sea que nos propongamos con la dirección y la ayuda de Dios.

¡Luchemos por la inclusión!

Cuando hablamos de inclusión nos referimos a niños con capacidades distintas o capacidades especiales que tienen el mismo derecho de disfrutar y aprender de igual forma que el resto de los niños. Por lo general, los niños de entre uno y tres años no notan las diferencias, a no ser que sean muy notorias o alguien más las señale. Pasados los cuatro años el menor comenzará a notar si alguien no camina como él o habla distinto y posiblemente comenzará a preguntar las razones.

Tenemos por otro lado, al niño que nace con la capacidad distinta y comienza a notarlo de igual forma entre sus tres y cuatro años. Muchas veces lo más complicado de la situación es cuando como padres debemos enfrentarnos a los comentarios o discriminación de otros niños hacia nuestro hijo. Los niños pueden ser muy crueles debido a que no comprenden la situación; como padres nos corresponde educar y hacer ver al menor que todos somos distintos: en su casa hable con el menor sobre las diferencias que podría experimentar al salir, y así evitará que su hijo tenga incluso miedo al enfrentarse a otros que sean diferentes.

Existen cientos de consejos para trabajar en casa y practicar la inclusión con sus hijos, algunos son:[5]

- Enseñe en casa a sus hijos palabras en lenguaje de señas de su país o escriban en familia unas palabras en braille. Conversen sobre las distintas formas de comunicarnos que existen.
- Cuando estén en un estacionamiento coméntele al niño la importancia del espacio para personas con capacidades distintas y de que esté ubicado cerca de las entradas. Por ninguna razón se estacione en ese espacio si no lo requiere. Enseñe con su ejemplo nuevamente.
- Motive al niño a ayudar a una persona a levantar algún objeto del piso o a cruzar una calle. Que el niño comprenda que no solo se trata de respeto, sino de cortesía también.
- Si en casa tienen algún familiar con esta situación, junto con sus hijos eliminen las barreras que puedan resultar de difícil acceso para esa persona.
- Miren programas de televisión que muestren personas con estas características y conversen sobre la situación.
- Motive al niño a tener amigos con capacidades distintas a las propias.

Si es su hijo el que posee las capacidades distintas, motívelo a ser independiente y enfatice sus virtudes para lograr lo que se proponga. Responda a cada una de sus preguntas de forma real y tome el tiempo que sea necesario. Cuide sus palabras y su forma de expresarse con otros sobre su hijo. Y enséñelo también a respetar a los demás: a tolerar a pesar de que muchos no comprendan su situación. Las diferencias están en nuestra mente, recuerdo una ocasión en que dos niños que conocí no podían caminar debido a varias operaciones, siempre jugaban juntos y gateaban por toda la casa de forma natural, un día llegó un tercer niño de su misma edad, que ya caminaba. Al verlo pensamos que los niños se cuestionarían cómo jugar con él, pero para sorpresa nuestra el niño se puso a gatear con ellos, porque le resultó natural.

Como adulto y cristiano, usted es responsable de reflejar un testimonio diario a sus hijos para que puedan vivir diariamente ese amor de Jesucristo hacia todas las personas por igual.

Como adulto y cristiano, usted es responsable de reflejar un testimonio diario a sus hijos para que puedan vivir diariamente ese amor de Jesucristo hacia todas las personas por igual.

¡Disfrutemos y comprendamos la adopción!

Tengo un sueño grande y un fuerte anhelo en mi corazón por la adopción. Les cuento que un año antes de comenzar a escribir este libro, nació el sueño de ser madre. Cuando pensaba en este sueño se me arrugaba el corazón y me preguntaba cómo abarcar tantos temas complicados de nuestra actualidad, cómo lograr que mis hijos no estén expuestos a confusiones sin fundamentos y si yo sería capaz de brindarles las herramientas que ellos necesitarían. Fue entonces cuando al ver a tantos padres decir: "A mis hijos los educo yo", decidí comenzar la aventura de escribir sobre este tema y cómo deseaba educar a mis hijos. Y este libro nació así, pensando en los niños que sueño adoptar y hacer parte de mi familia.

Cuando pensamos y hablamos de adopción, nos hacemos cientos de miles de consultas: ¿Debo decirle qué es adoptado? ¿A qué edad le digo? ¿Si después no me quiere? ¿Si me pregunta cosas que no sé? Y muchas veces tenemos más dudas que respuestas, lo cual es normal. Comencemos por comprender el verdadero significado de adopción. La adopción es tener un hijo de manera distinta y punto. Un hijo natural y un hijo adoptivo es exactamente lo mismo, el mismo amor, los mismos derechos y los mismos deberes. Cuando tenemos un hijo adoptivo estamos agrandando la familia bajo una decisión de amor y de familia, nunca de caridad. Adoptar es únicamente un medio distinto para ser padres. Me encanta pensar que como padres adoptivos tenemos la bendición de que nuestros hijos nos hayan adoptado (sí, ellos a nosotros) y hayan aceptado ser nuestros hijos.

> Yo le seré a él padre, y él me será a mí hijo.
>
> —2 Samuel 7:14

Ser padres no es tarea fácil, y explicarles a nuestros hijos sobre la adopción es un reto más; sin embargo, no es un factor negociable: es necesario y natural que los niños conozcan de dónde vienen, cómo nacieron, quién los trajo al mundo y demás. Es por esta razón que debemos conocer la mayoría de los detalles posibles sobre sus factores genéticos y de nacionalidad que nos ayuden a entender y trabajar en las consultas del menor. Conozco la historia de una niña (ya hoy una adulta) que fue adoptada a sus tres años por una familia. Ella fue rescatada de un búnker (refugio) de consumo de droga donde su madre biológica, quien estaba en situación de calle y adicta a las drogas, la tenía prácticamente en el abandono. Su padre biológico había fallecido en prisión. Los padres adoptivos no tenían otros hijos y decidieron agrandar su familia. Desde muy pequeña sus padres decidieron conversar de manera natural con la niña, incluso con detalles y nombres. La niña se convirtió en una gran empresaria e incluso en una ocasión intentó conocer a su madre biológica. Por más que triunfemos como padres, por más felices que sean nuestros niños y el amor tan grande que podamos tenernos, como seres humanos es natural que todos queramos conocer nuestras raíces.

La Biblia nos da lecciones de todo lo que necesitamos, y sobre la adopción también nos habla. ¿Recuerdan la historia de Moisés?

Jacobed dio a luz un niño, en ese entonces Faraón ordenó que asesinaran a todos los niños hebreos, su madre en desesperación lo colocó en un canasto y lo llevó al río; para entonces una hija de Faraón lo encontró y fue adoptado en una familia real, y ya conocemos el resto de la historia de Moisés, quien llegó a tener grandes bendiciones. La gracia de Dios a través de la adopción; el estilo de Dios de convertir una mala noticia en un propósito. También conocemos la historia de Ester, quien perdió a sus padres, fue adoptada y llegó a ser reina.

> Cuando el niño creció, ella lo llevó a la hija de Faraón, y vino a ser hijo suyo; y le puso por nombre Moisés, diciendo: Pues lo he sacado de las aguas.
>
> —Éxodo 2:10

Estudiando, investigando, consultando y practicando he conseguido acumular una lista de consejos para hogares con hijos adoptados, esos pequeños grandes detalles que no podemos dejar de lado. Aquí se los comparto:

- Converse con sus niños de manera natural y cercana, el tema no es algo trágico, es una decisión de amor. En un inicio cuénteles por medio de cuentos infantiles con historias de adopción para que entiendan cuando aún sean muy pequeños.
- Deshágase del temor de hablar y compartir los detalles que usted conozca del nacimiento del niño o sobre sus padres biológicos cuando el niño los requiera. Si el niño lo consulta es porque naturalmente tiene deseos de conocer sus raíces. Esta conversación la tendrán muchas veces.
- No hable negativamente de los padres biológicos ni trate de dejarlos en mal. Esto podría generar inseguridad en el niño sobre sí mismo. Hable con el menor lo que esté en capacidad de comprender; como he dicho en otros capítulos: sea sabio.
- Responda las preguntas que tenga el niño. Muchos pensarán que los abandonaron por haber cometido alguna

equivocación o que fue culpa de ellos mismos y podrían tener ese temor en el hogar actual.

- Bríndele al niño la información que solicita, no trate de decirle todo de una sola vez, porque el menor no lo va a comprender.
- No mienta, sea honesto, no trate de ocultar el tema. Muchos jóvenes se enteran de que son adoptados y pierden de inmediato la confianza en sus padres.
- Muéstrele constantemente amor al niño. Recuérdele y demuéstrele el lugar que tiene en el hogar dentro de la familia. Esto ayudará al niño a perder el temor a fallar y no cumplir con las expectativas que tienen de él.
- Si el niño quiere saber cómo nació, en lugar de decirle que de la pancita de mamá, podemos decirle el país de origen (en caso de ser internacional); si conoce la historia podría comenzar dando algunos detalles.
- Los niños podrían entristecerse o confundirse, por eso el amor y la sinceridad en la conversación serán fundamentales para que el menor sienta confianza. No se preocupe por equivocarse en lo que diga, es normal que usted se incomode, pero debe conversarlo y ser honesto, si no sabe algún detalle diga que no lo sabe.
- Cuéntele lo mucho que deseaba conocerlo, explíquele al menor la razón por la cual decidió buscarlo. Y lo feliz que es ahora la familia desde que llegó.
- Dele gracias al niño por decidir adoptarlo a usted como padre o madre.
- No tiene que ser un padre perfecto, por más que desee ser la mejor opción para ese niño no puede fingir ser quién no es. Ya está más que demostrado que lo ama y que es feliz de compartir su vida con el niño. Deje que lo demás fluya.
- No le mienta, ni le diga que todos los niños son adoptados o respuestas similares. Hable con la verdad. Preocúpese más por demostrar amor que por estar recalcando el tema de la adopción. Hable cuando vea la necesidad y sea el momento, pero

no caiga en decírselo a diario. Viva una relación natural con su hijo.

- Si el niño no desea hablar de la adopción respete sin insistir. Ya llegará el momento, pero deje abierta la puerta para que sienta la confianza de hacerlo cuando esté preparado.
- No use la expresión "hijo adoptado" a no ser que la conversación con el niño sea específica del tema. El resto del tiempo llámelo "hijo" solamente.
- No ignore el país de nacimiento del niño o sus tradiciones, ínstelo a conocer y apreciar su cultura.

El proceso introductorio requiere paciencia. Es probable que el niño llegue a su hogar cargado de temores e incluso de rebeldía. El niño podría querer dormir solo, preguntar cuando regresará a su lugar de origen, llorar y más. Esté preparado con las respuestas reales, sin mentiras. Quizá sea necesario acompañarlo a dormir esas noches. Esto es un aprendizaje para ambos. De ser el caso consulte a un especialista, hay terapeutas familiares especialistas en adopción que ayudarán a su familia a expresarse mejor.

Hable antes con su familia para que no lo abrumen con preguntas y no hagan referencia al tema de adopción continuamente. El niño es parte de la familia, que sea tratado como uno más. Y pídales que eliminen la etiqueta de "niño adoptado".

Enseñe al niño sobre resiliencia, que es la capacidad de superarnos y dejar atrás aquello que nos dolió. Cuando desarrollamos resiliencia potencializamos nuestra felicidad.

Podríamos comenzar a notar la necesidad del menor de sobresalir y ser el centro de atención, así como un deseo constante de tener la atención de sus padres, lo cual es natural. Ponga atención a sus gestos y expresiones, el niño requiere que usted lo conozca y entienda lo que trata de comunicar.

Tómese el tiempo necesario para el proceso de adaptación entre el menor y usted. Luchará contra malos hábitos adquiridos que deberá conversar y corregir. No tenga temor de castigarlo si realiza algo incorrecto. Amor con rigor. Recuerde tratar al niño de forma natural, es su hijo. Existen centros de estimulación infantil donde los psicólogos pueden brindar técnicas de estimulación para el niño sin importar la edad, ya que, en su mayoría, ellos no fueron bien estimulados en sus primeros años.

En caso de ser padre primerizo tenga paciencia. Quizá esté de más decir que nunca, por más estrés que enfrente, exprese cosas como "me equivoqué" o "debería devolverte" ni algo similar. Nunca hable del tema de la adopción cuando esté molesto.

¡Sueño con el día en que lean esto y sientan tanto amor como el que yo siento por ustedes sin aún conocernos!

> Este es el niño que yo le pedí al Señor, y él me lo concedió. Ahora yo, por mi parte, se lo entrego al Señor. Mientras el niño viva, estará dedicado a él.
>
> —1 Samuel 1:27-28, NVI

Sétimo reto

Medite en los prejuicios que usted a su edad aún posee, y haga su mejor esfuerzo por corregirlos. Si en su hogar se utiliza algún tipo de apodo o etiqueta hacia el menor, elimínelo del lenguaje y no permita que ningún familiar lo continúe utilizando. Busque en internet alguna película acorde a lo que su hijo admira, busque ejemplos de personas que han tenido pruebas y a pesar de ello han logrado superarse.

— 8 —

LA NUEVA EDUCADORA: ¡LA INTERNET!

¿HA ESCUCHADO LA EXPRESIÓN: "LOS NIÑOS AHORA VIENEN CON EL CHIP INCORPORADO"?

LA INTERNET ES una herramienta de información y aprendizaje muy buena, cuando se usa correctamente. En estos tiempos conectarnos es parte del día a día y no podemos simplemente ignorar los avances tecnológicos. Nuestros hijos no se escapan de estos avances, sino que son cada vez más cotidianos en su vida; como padres y madres debemos velar por la seguridad y educación de nuestros hijos e hijas en cuanto a la tecnología.

"Mi hijo se entretiene horas con mi celular", "Mi niño solo con el celular se tranquiliza", "Mi hijo maneja el celular mejor que yo", "El más pequeño es el que más usa el celular". Y podemos seguir mencionando cientos de frases que hemos escuchado en estos tiempos de madres y padres sobre sus hijos y su teléfono celular. ¿Es esto sano? ¿Estamos educando correctamente a estos niños? ¿Qué les estamos poniendo en sus manos cuando les damos el teléfono celular? Hemos convertido la tecnología en el nuevo biberón digital.

Hace muchos años el teléfono era únicamente una herramienta para hacer llamadas, y eran casi estrictamente las necesarias, los teléfonos públicos servían a las parejas para hablar más tiempo… y después llegaron los celulares, los cuales vinieron a facilitar muchas cosas en la vida, ya que el teléfono, nuestros contactos, los mensajes de texto, la calculadora y el reloj se encontraban en un solo lugar. Después, vinieron los teléfonos inteligentes que nos facilitaron las cosas mucho más, ahora con cámara para tomar fotografías y videos, agenda, mapas, millones de aplicaciones, lámpara, inclusive brújula y, sobre todo, la internet. Esto nos ha hecho cada vez más dependientes de este aparato tan útil y necesario para nosotros como adultos y tan peligroso para nuestros hijos como niños si no sabemos educarlos.

Vemos como muchos niños de dos años o menos ya comienzan a utilizar el teléfono inclusive sin saber leer. Conozco el caso de un niño de cuatro años que le pidió a su madre el teléfono, ella le consultó para qué y él respondió: "¡Para buscar mi fábula favorita…!". Entonces su madre, sabiendo que él no sabía leer, se lo dio para ver qué acción realizaba el niño. Instintivamente y por conocimientos anteriores comenzó a pasar las pantallas del celular con su pequeño dedo índice hasta encontrar el icono de la aplicación de YouTube. Hasta ahí su mamá pensó: *Ok, puede conocer eso, pero ¿cómo hará para escribir el nombre de su fábula?* Entonces el niño continuó con su hazaña e ingresó a la aplicación y en la esquina superior derecha seleccionó el ícono del micrófono y enseguida dijo: "Quiero ver los tres pollitos, gracias". En ese momento se cargaron todos los videos y él pudo seleccionar entre ellos. Su mamá se dio cuenta de que sin leer y sin haberlo guiado su hijo de cuatro años había encontrado el contenido que buscaba. El hecho de que su hijo de dos o cuatro años utilice la internet de forma tan fácil como si lo hubiera hecho siempre es un riesgo muy grande que debe preocuparnos si no estamos educando como se debe.

De la televisión a la internet

Antes los padres y las madres nos controlaban el consumo de televisión, había únicamente un televisor en la sala de la casa y era muy fácil indicarle al niño o a la niña: "¡Ya es hora de apagar el televisor!". Entre llantos y enojos rogábamos por una hora más de televisión al día, pero el control era muy directo. Y, por supuesto, además del control de tiempo frente a la pantalla también hablamos del control de contenido. No podíamos ver algo violento ni que provocara miedo ni mucho menos con contenido sexual. Nos limitaban el tipo de programas y el horario: a partir de las 10 p. m. era horario de adultos. En cambio hoy, el teléfono celular está en el cuarto de cada uno, las computadoras portátiles también y cada uno en su privacidad puede acceder al contenido que desee, el tiempo que quiera.

Es alarmante pensar que ahora los niños están siendo educados por la internet porque como adultos podemos discernir lo bueno de lo malo, el contenido real del irreal, pero los niños no. Hace un tiempo salió un juego muy peligroso creado en la internet llamado La Ballena Azul, el cual promovía que los jóvenes realizaran diferentes desafíos. El juego les asignaba un "líder" quien les enviaba los retos diarios, los cuales eran los mismos para todos, pero los jóvenes debían reportarle a esa persona el proceso diario. Los desafíos iban desde sentarse al borde de un puente, no comer en todo un día, escuchar música depresiva y cortarse con navajas hasta finalmente suicidarse. Lamentablemente, muchos jóvenes concluyeron los retos y acabaron con sus vidas. Esto es real y está pasando en nuestra sociedad, por lo cual no podemos permitir darle rienda suelta a nuestros hijos con la internet.

¿Sabía usted que existe música que logra activar los mismos receptores en el cerebro que la droga? Así es, un simple audio musical puede producir los mismos efectos que algunas drogas. Como padres y madres debemos informarnos todos los días sobre los cuidados y prevenciones que debemos tener.

¡A MIS HIJOS LOS EDUCO YO, NO LA INTERNET!

Muchos padres me dicen que ellos le revisan a diario a sus hijos los teléfonos y sus búsquedas en internet. Recordemos que las búsquedas se pueden eliminar y el historial puede quedar en cero, y no piense que su hijo o hija no lo sabe, porque recuerde que sabe muchísimo más de lo que usted imagina. He hecho varias pruebas, he buscado varios términos que buscan los niños en Google o YouTube con palabras simples; y una de cada tres búsquedas me arroja algún contenido pornográfico. Palabras simples, infantiles, sin doble sentido hacen aparecer contenido no apto para niños ni para nadie. A nuestros hijos e hijas no los puede educar la internet, los debemos educar nosotros. Si consideramos que queremos principios cristianos y valores claros basados en nuestra fe, incluso luchando por una educación que respete esto, es nuestra responsabilidad hacerlo valer. La internet no puede ser el medio de información, debemos ser nosotros.

Si consideramos que queremos principios cristianos y valores claros basados en nuestra fe, incluso luchando por una educación que respete esto, es nuestra responsabilidad hacerlo valer.

Actualmente, los niños pasan horas pegados a una pantalla y es responsabilidad directa de nosotros como padres. Sabemos que estamos en días donde los tiempos avanzan cada vez más rápido y el tiempo para compartir se hace más corto. Lo cierto es que debemos sacar tiempo para motivar al menor a salir de la pantalla, llevarlo a pasear, ingresarlo en clases de gimnasia, deportes, música, artes y demás que le permitan ampliar su panorama real más allá de lo digital. Reflexione por un momento: ¿qué está pasando con la comunicación en su hogar? ¿Los abrazos se están volviendo virtuales? ¿Cada cuánto se sientan en la mesa a conversar?

Leí algunos artículos futuristas que dicen que la escritura a mano en unos años se volverá un arte, ya que nadie lo hará, sino únicamente mediante un teclado.[1] Esto me hizo reflexionar sobre la comunicación; hemos visto que la familia y los niños son diariamente atacados por ideologías carentes de valores y cargadas de odio, ¿será que perderemos también la comunicación? La tecnología no es mala, su uso incorrecto sí. Nuestros niños deben ser educados con valores reales y sentimientos reales. Vi hace poco unas mascotas que se usan para que acompañen a los niños, las mismas son robots que no poseen sentimientos reales ni una interacción cálida como la requiere el niño. Entonces, se me ocurrió consultar a Siri (el asistente inteligente de mi celular) y le hice algunas preguntas simples sobre las relaciones afectivas:

—Siri, ¿me abrazas?

A lo cual me respondió:

—Lo haría, pero no tengo brazos.

Luego le pregunté:

—¿Me amas?

Y me dijo:

—¡Mira! Un avión.

Por último, cerré con esto:

—Estoy triste.

—Vaya, lo siento, si quieres hablar aquí estoy —me dijo.

Meditando sobre las respuestas pensé: Esta es la comunicación que estamos poniendo en manos de nuestros niños y con la cual tratan día a día: tecnología cargada de información carente de relación. Como padres debemos brindar nuestra parte; el teléfono, la tableta, el televisor, la computadora, el videojuego no sustituye nuestra relación; no se trata de entretenerlos con algo, se trata de educarlos.

Muchos padres se preguntan con frecuencia para qué su niño o niña necesita de la internet. Pues podemos decir que la requiere en algunas ocasiones para educarse, divertirse, aprender, entretenerse y, sobre todo, para no sentirse distanciado de los demás niños por no tener acceso a la comunicación directa. Hoy Google se ha vuelto un ídolo; muchos creen que todas las respuestas a cualquier pregunta existente las pueden conseguir ahí, y nuestros niños están expuestos a esta herramienta. Lastimosamente, también están a un clic de la pornografía, a un clic de los antivalores, a un clic de perder su inocencia, a un clic del peligro. No podemos meter al niño en una burbuja y alejarlo de la realidad, pero si es necesario marcarle límites a la tecnología; allí es donde está nuestra labor como padres.

Conocí a un niño de once años que desde sus siete años tenía celular propio con internet. En una ocasión salimos a cenar y dijimos que todos debían dejar el teléfono celular en el centro de la mesa y no usarlo hasta finalizar la velada; pudimos estar en esa condición máximo una hora. Cuando fue momento de recuperar el móvil, el niño comenzó a publicar en sus redes sociales una disculpa por ausentarse durante esa hora. ¿Es esto normal? Todo se debe controlar, no podemos crear niños adictos que caigan en la ansiedad digital. Un estudio a niños de nueve a diecisiete años en Costa Rica reveló que un 45% de los niños usa la internet todos los días y varias veces al día desde un teléfono móvil; de esos niños un 73% tiene acceso a la internet desde su móvil propio. Además, un 84% usan WhatsApp, un 81% Google y un 53% Facebook. En medio de estos datos los menores confirmaron que borran con frecuencia sus conversaciones o bloquean personas con facilidad.[2]

Cuando enseñamos y educamos debemos saber de lo que hablamos. Como padres y educadores requerimos estar actualizándonos constantemente, debemos investigar, sobre todo en un mundo digital donde cada minuto existen cientos de actualizaciones. Cuando estábamos pequeños no existía la internet ni las redes sociales, por lo cual no tenemos educación vivencial sobre cómo educar a un niño en el acceso a internet, por lo tanto, nos toca estudiar e investigar. Un papá me decía que él prefería no darle celular, ni dejar a su hijo acceder a la internet. ¿Pero hasta cuándo podremos mantener esto? El acceso a internet es parte del desarrollo del niño, necesitamos que sean seres integrales que sepan utilizar la tecnología. Según la UNICEF en el Estado Mundial de la Infancia 2017: uno de cada tres usuarios de internet son niños. No podemos luchar contra la tecnología, pero podemos educar, sacar lo positivo y trabajar con eso. Existen cientos de beneficios que nos da la conexión: tareas, historias bíblicas, enseñanzas, aprendizaje, educación, comunicación, cultura, idiomas. Es necesario brindar una alfabetización digital, siempre recalcando la seguridad del menor.[3]

¡Recomendaciones para el uso de internet!

Es importante no frustrarse, y tomar previsiones a tiempo. Hacer las cosas bien y en orden nos ayudará a ahorrar mucho tiempo, sustos y consecuencias. Aquí dejo algunos consejos que podrían ayudarle a tratar los temas de internet con sus pequeños:

- Nunca publique fotos de su hija o hijo con el uniforme del centro educativo. Esto da información a los acosadores sobre el colegio en el que está su hijo y podrían llegar hasta ahí a engañarlos.
- Coloque la computadora en lugares comunes de la casa, acompañe a sus hijos cuando estén utilizando la computadora y revise las búsquedas después de concluido su uso.

- Bloqueé el acceso a páginas para adultos desde la configuración de la computadora y la internet. Existen muchas formas de realizarlo, lo importante es hacer una buena selección de páginas o palabras para prevenir cualquier situación.
- Haga una lista de reglas de seguridad en casa para el uso de la internet, como por ejemplo no darle datos a nadie sobre su vida, su casa, su familia, etc. Además de no subir fotografías de ellos ni de su familia.
- Haga una lista de las páginas favoritas del niño o la niña para que puedan acceder directo sin necesidad de navegar y encontrar otras cosas no deseadas.
- Si utilizan algún juego en línea, de esos donde se solicitan datos personales, enséñeles a utilizar un apodo o nombre ficticio para evitar compartir información personal.
- Aproveche y eduque sobre su fe, explíqueles que copiar música, videos, juegos y demás recursos digitales sin permiso de su creador o sin realizar un pago está prohibido por la ley, además de que es robar. Los valores comienzan en simples detalles como este.
- Determine un horario para conectarse, sea desde el teléfono o desde la computadora. Mencione las excepciones ante una emergencia.
- Conversemos en familia sobre los peligros y cuidados que se deben tener para utilizar esta herramienta. Explíqueles a los niños que hay muchas personas con perfiles falsos.
- Cuando el niño ya esté publicando en la internet, déjele claro que aquello que publique no desaparecerá nunca, así que debe estar bastante seguro de lo que hace. En la internet nada es privado.
- No hacer clic en enlaces extraños. Si no entiende algún diálogo que aparezca que consulte a sus padres.
- Crear su perfil en las redes sociales hasta la edad permitida (en general, trece años), sino será una violación a las condiciones de la red social.

- No apoyar el *ciberbullying*. Que los niños no sean parte del acoso digital a otros niños y que tampoco se dejen acosar. En estos temas se recomienda aconsejarle al niño que hable con su padre, su madre o sus maestros.
- No utilizar la cámara web sin autorización y supervisión de los padres. Es más productivo explicarles a los niños el peligro y traerá mejores resultados que simplemente prohibirlo.
- Explicarles a los niños y a las niñas que todo lo que lean o vean en la internet no es real y que cuando tengan alguna consulta se la pueden hacer a sus padres. Ya que cualquier persona puede escribir ahí lo que piensa sin que sea verdad.
- No aceptar premios o regalos de nadie por medio de la internet, sin importar que les indique que es una sorpresa o que ganaron un premio por buen comportamiento.
- Explíqueles que por ninguna razón deben reunirse o verse con alguna persona que hayan conocido por medio de la internet.
- No entablar amistad ni conversar en redes sociales con quienes no sean sus amigos de carne y hueso o con quienes no conozcan en la vida real.
- Descargue alguna aplicación de control parental para tener en supervisión constante los sitios a los que ingresan sus hijos.
- Ayude a su hijo a encontrar sitios donde pueda navegar con mayor seguridad según su edad.
- Enséñeles a los pequeños a tratar a los demás como les gusta que los traten a ellos. Y a no ofender a los demás ni siquiera por medio de la internet.
- Enséñele a cuidar sus contraseñas y a no compartirlas con nadie.
- No prohíba la utilización de la internet. Ellos deben aprender a utilizarla, pero de una forma correcta.
- Se recomienda un máximo de dos horas de uso diario para trabajos educativos, y un máximo de una hora de uso diario para entretenimiento. Esto es un uso y no un abuso.

- Recuérdele al niño o a la niña que sus valores no se negocian ni cambian de la vida real a la internet. Se deben mantener como agrada a Dios en la web y en la vida diaria.
- Denuncie cualquier situación anormal o sospechosa que observe.
- Pedirle al menor que no haga algo no es suficiente ya que muchas veces no cumple las reglas básicas de casa, así que la supervisión deberá ser constante.

No prohíba la utilización de la internet. Ellos deben aprender a utilizarla, pero de una forma correcta.

En la internet no todo es malo, también existen muchos usos cosas positivas. Aquí le cuento de algunos beneficios de que nuestros hijos utilicen la internet:

- Información para aprender más rápido y más fácil. Hay cientos de tutoriales que puede visitar el niño en cualquier instante.
- Ayuda a descubrir más cosas, lo cual potencia su creatividad y, por ende, su autoestima, ya que el niño sentirá que conoce más de los temas que le apasionan.
- Le permite a los niños desenvolverse mejor, ya que muchos debido a su timidez no son capaces de hablar con otros en persona.
- Es una forma de comunicación positiva, les permite al niño y a la niña conectarse y aprender de cualquier parte del mundo.
- Funciona como herramienta educativa: pueden investigar para sus trabajos escolares.
- Estimula la investigación ya que los motiva a buscar información sobre cualquier duda.

¿A QUÉ EDAD LE DOY UN CELULAR?

Desde que el niño nace nos preocupamos por su alimentación, su lenguaje, su salud y demás; estamos presentes en el cien por cien de sus momentos de ser posible. Pensar en que el niño desee utilizar el celular o ingresar a la internet nos incomoda porque no sabemos a qué estará expuesto, y sin esperarlo llega de repente la petición: "¡Mamá, quiero tener mi celular!".

Siempre hemos tenido la duda sobre en qué momento debemos darle al menor su primer celular. Es importante definir que esa decisión no puede estar basada en la presión social ni en el momento que el niño lo solicite, sino en la decisión suya como adulto, basado en la madurez y actitud del menor. A pesar de que muchos den celulares a sus hijos a cortas edades, no existe una edad óptima para brindar un teléfono con acceso a internet; su hijo es único y usted deberá determinar para qué está listo. Y usted también deberá estar listo como padre para velar por la seguridad del menor y dar una supervisión correcta al uso que le da a la tecnología.

Es importante dejar claro que el teléfono a su corta edad no es un regalo, es un préstamo que usted le hace al niño en actitud de confianza; usted dará cuenta delante de Dios y de las instancias de su país por el uso que su hijo le dé al celular, además de que usted es quien paga el recibo, por lo tanto, es su responsabilidad supervisar lo que el menor realice en él. Tengamos presente que la pantalla del celular o tableta no sustituye la compañía de los padres. El celular no es un juguete; es una herramienta para comunicarse. Converse con el menor con el fin de saber para qué quiere tener su propio teléfono; generalmente los niños lo solicitan porque ya todos en la escuela lo tienen. Si muchos niños ya tienen en casa computadora o tableta, entonces debemos valorar el motivo por el cual les damos un teléfono: ¿requieren estar conectados a internet?

Si usted desea darle esta herramienta, considere qué tipo de teléfono requiere el niño según su edad. A partir de los trece años, o la edad permitida en su país, el menor podría tener un teléfono con el cual pueda conversar con sus amigos en Instagram y otras redes sociales, tener correo electrónico y ver YouTube. Pero antes de eso estar en contacto con sus padres es la base. Por lo tanto, el teléfono debe ser sencillo y tener la capacidad solo para hacer llamadas, enviar mensajes, tomar fotos, usar WhatsApp, oír música, quizá YouTube para niños y algunos juegos según su edad. Usted como padre debe saber usar ese teléfono completamente. Si no entendemos cómo funciona no podremos enseñarle al menor a usarlo ni revisar si tiene instaladas aplicaciones ocultas, por ejemplo, o incluso si el menor creó otro perfil a escondidas.

Los niños sienten que el teléfono pone la conexión a la internet en sus manos donde sea que vayan; eso les da libertad para andar por el mundo y confianza para tomar decisiones; por esto no recomendamos prohibir su uso, sino educarlos para usarlo de manera adecuada.

Existen algunas reglas básicas que debemos establecer antes de entregarle el teléfono al niño, entre ellas están:

- Establecer controles parentales e indicarle al menor en qué páginas puede navegar y en cuáles no.
- Instalar aplicaciones que nos permitan controlar lo que ve el niño. Existen muchas que nos pueden ayudar a bloquear ciertas aplicaciones, usuarios y sitios, así como medir el uso y actividad del niño con el teléfono.
- Configurar las descargas de las aplicaciones con nuestro usuario; así, cada vez que el niño deseé descargar una aplicación, deberá solicitarnos permiso.
- El menor debe tener claro que siempre que deseemos podremos acceder al teléfono para revisarlo.
- Si el niño no está seguro de alguna situación deberá consultarnos de inmediato, al igual que tendrá prohibido hablar con desconocidos y brindar información personal suya o de su familia a cualquier persona.
- Se deberán dejar claros los tiempos y los momentos de uso diario y de conexión a internet. De modo que queda prohibido utilizar el móvil durante la cena o tiempos familiares, al igual que en la escuela o tiempos de estudio.
- Antes de dormir el niño deberá apagar el teléfono y respetar el tiempo de descanso.

- No compartir mensajes, videos o fotos que le puedan afectar; es importante pensar antes de enviar cada cosa.

¡LAS REDES SOCIALES Y LOS MENORES DE EDAD!

Las redes sociales tienen reglas, una de ellas es que, en general, solo los mayores de trece años pueden utilizarlas [consulte las edades de uso de su país]; y esto no es casualidad, un menor corre riesgo estando ahí. Como padres o madres no podemos alcahuetear a nuestros niños y permitirles que abran sus perfiles en redes sociales antes de cumplida esa edad. Por ejemplo, en Facebook existe más censura y no se permiten fotografías de desnudos o pornografía; sin embargo, en Twitter la pornografía es aceptada completamente, no está regulada y el acoso no es sancionado. Recuerdo una ocasión en que recibí fotografías no deseadas de un acosador, lo denuncié ante Twitter y me indicaron: "Puede bloquear al usuario para que no reciba más de ese contenido". Con esa respuesta entendí que yo no recibiría más de aquellas fotografías, pero él podría enviarlas a otras personas. Antes de los trece años nuestros niños y niñas no deben tener perfiles digitales, y en las redes sociales más de adultos es recomendable esperar mucho más tiempo. Como padres debemos estar en el mundo digital porque no podemos educar sobre aquello que no sabemos. Si se abre una nueva red, el padre debe ingresar a esa nueva red y conocer qué se habla ahí. El niño tiene que observar que como padres sabemos de digital y que no nos pueden engañar.

Como padres debemos estar en el mundo digital porque no podemos educar sobre aquello que no sabemos.

Cuando el niño abra su red social, la supervisión se debe volver más fuerte: revise las fotografías que publique, que todos los amigos sean conocidos, enseñar al menor a no ser parte de charlas racistas, de burla a otro niño, groseras o vulgares. Cuando su hijo era bebé, ¿cuántas veces se despertó a revisar si aún respiraba? ¿Le pasaba? Pues así debe ser con el uso de internet y redes sociales, revisión constante.

También existe mucho material que fomenta el odio, el racismo, la xenofobia y, por supuesto, la pornografía en las redes sociales. Entrar a internet no es solo para jugar, revisar un video infantil o tener amigos en una red social; cuando ingresamos tenemos el contenido completo a disposición. No podemos negarles a los niños la internet porque les estamos cuartando la posibilidad de aprender a utilizar la web, pero debe ser con supervisión, conversar con desconocidos no hace más sociable al niño. Creo en un control parental fuerte en el mundo de las redes sociales, como adulta trabajo en *Marketing* Digital, y soy testigo de que este mundo no es apto para menores.

¡ALTO! ¡TENGA CUIDADO LOS ACOSADORES Y LOS PEDÓFILOS ESTÁN AL ACECHO!

Sé que usted es consciente de esto, pero ¿qué está haciendo por contrarrestar esta situación en su hogar? Hace un par de años, una conocida revisó el teléfono de su hijo de ocho años y descubrió que un hombre se estaba escribiendo por mensajes de WhatsApp con su hijo, el niño tenía su fotografía (notoriamente se veía su edad) y el hombre le ponía mensajes como: "Te ves muy lindo, te ves muy grande", "¿Vives con tus dos papás?", "Pásame una foto", y muchas preguntas más que para el niño eran tan simples como cualquiera. De inmediato se reportó la situación y se procedió con la denuncia. Podemos decir que se llegó a tiempo. Ya los acosadores, pedófilos y demás enfermos sexuales no necesitan salir a las calles, ellos buscan sus víctimas por internet y desde ahí las comienzan a "acosar" hasta que logran tener un encuentro con ellos.

El tráfico de niños es hoy un temor diario de los padres, debido al gran crecimiento de casos a nivel mundial. No deje nunca a sus hijos solos en el vehículo, cuando vayan en el auto lleve las puertas cerradas, sepa dónde están siempre. Conozca a los padres y tenga los contactos y direcciones de sus amigos. No contrate a cualquier persona para el cuidado del menor. No permita que el niño reciba regalos de extraños. Enséñeles a sus hijos a defenderse a gritar a correr, a pedir ayuda y llamar al 911. Siempre que el niño vaya al baño público, usted debe ir con él. En los juegos de los restaurantes vigílelos siempre. Que el menor no viaje solo a la escuela, los acosadores podrían estar viendo que todos los días el niño viaja a las mismas horas solo. Establezca palabras claves y secretas en caso de presentarse una situación de riesgo. Enséñele al menor lo que debe hacer ante un eventual peligro: buscar ayuda, buscar a alguien que trabaje en el lugar. Enseñarlo a correr si alguien le dice algo que no le gusta, si lo siguen o le quieren hacer algo a la fuerza, enséñeles que no paren de correr. Practique con el menor frases que pueda gritar ante una eventual crisis como: "Este señor no es mi papá", "Ella no es mi mamá", o: "Me está robando". Conversen sobre nunca comentarle a nadie si está solo en casa y enséñele la dirección y el teléfono de casa en caso de encontrarse perdido. Incluso conocí a una madre que le enseñó a su hija un sitio donde esconderse en casa para mantenerse segura ante cualquier emergencia. Todo esto es educación de seguridad para ser precavidos sin caer en llenar de temores y ansiedad al menor.

¡TIPOS DE SITUACIONES QUE EVITAR AL NIÑO EN INTERNET!

Ciberacoso

Este se da cuando un menor se burla de otro menor compartiendo material ofensivo o denigrante con otros. También existe ciberacoso cuando golpean a un menor para grabarlo y comparten el acto entre más compañeros. Es un hostigamiento que se puede dar en mensajes, redes sociales, correos, grupos de WhatsApp y demás. Mucha información que se utiliza es falsa y compartida con el fin de humillar al niño. El ciberacoso es muy rápido, la información viaja en segundos y todos podrían tener la foto o información difamatoria en momentos. Los niños no tienen empatía suficiente si no son educados en esta área. Enséñele al menor a no compartir información delicada de otros tampoco y a no convertirse ellos en los acosadores. Muchos casos de ciberacoso se dan con el robo de identidad, creación de perfiles falsos con fotos humillantes para realizar burlas del menor.

Abuso sexual en línea

Es cuando un adulto o menor obliga a un menor de edad a enviarle fotografías o videos íntimos bajo amenazas. Esto también se da en muchas ocasiones cuando un acosador envía fotografías o videos de sí mismo para que el menor las vea y lo amenaza para que no le diga a nadie. Cuando el menor ingresa y es obligado a mirar contenido sexual, violento o que infunde temor de alguna forma —pueden ser también contenidos de armas o drogas— está siendo víctima de abuso. He visto incluso en juegos inofensivos que salen anuncios de diez o quince segundos que promocionan contenido sexual explícito.

Grooming

Esta situación se da siempre con un adulto que trata de hacerse pasar por niño para ganarse la confianza del menor y abusar de él. Esto se da mediante perfiles falsos o cuentas falsas donde en las que el adulto finge ser un niño más. El adulto trata de extorsionar al niño con fotos, con información o amenazas de matar incluso a sus padres si no obedece.

En internet encontramos con frecuencia personas que utilizan identidades falsas y no son quienes dicen ser, aunque tengan cientos de amigos. Estos acosan a nuestros niños haciéndose pasar por menores también. Los acosadores tienen paciencia, ya que acosan a varios niños a la vez y esperan a que alguno de ellos brinde información delicada para entrar en confianza y ponerse de acuerdo incluso para verse en algún lugar, con frases como: "Mi papá tampoco me deja conocer extraños, pero quiero enseñarte mi nuevo dron", le dijo un depredador a un niño de diez años. "Yo estoy en la misma escuela, topémonos a la salida", es otra mentira frecuente. El *grooming* siempre tiene una estrategia ya que detrás se esconde un depredador sexual. Hay dos tipos de *grooming*, cuando el acosador roba la información y amenaza con ella o cuando se gana la confianza del niño para solicitarle la información. Actualmente, los juegos tienen salas de chats que son anónimas, por lo tanto, un niño podría estar conectado con un adulto que le solicita información. Muchos menores creen que hablan con otros niños en línea y les proporcionan su dirección, sus contraseñas, el nombre de su escuela y mucha información más.

Sexting

En esta situación el niño se enfrenta con alguien que le comparte material íntimo, sean fotos o videos, a cambio de otro material íntimo. No siempre es por mutuo acuerdo, podría ser por presión o amenazas. Muchos de estos casos terminan en extorsión con el fin de que el niño envíe más material u obligarlo a tener relaciones sexuales a cambio de no compartir el contenido compartido. El *sexting* es enviado por celular, correo o demás. Por lo general llega a manos de terceros y es usado para extorsionar o como pornografía infantil. Muchas niñas y niños han sido obligados a enseñar alguno de sus genitales por *webcam*, video o fotos y luego se les exige a que hagan más, o bien, se las enseñan a sus padres o se las envían a todos sus conocidos, razón por la cual no pueden soportar la presión y se quitan la vida. Incluso *Netflix* sacó recientemente una serie sobre una adolescente que cuenta las trece razones por las cuales se quitó la vida. Tanto el *sexting* como el ciberacoso o la extorsión sexual pueden llevar al suicidio. No es nuevo que algunos niños decidan quitarse la vida porque estaban muy tristes o porque simplemente alguien más les dijo que lo hicieran. Ellos no son capaces de medir las consecuencias ni de entender el trasfondo.

¡IDENTIFICA SI TU HIJO ES VÍCTIMA DE ALGÚN ACOSO EN INTERNET!

Para prevenir el acoso digital es necesaria la educación en el hogar donde nos hablemos correctamente sin temor a esconder información. Preste atención a estas señales:

- Se molesta constantemente por la misma razón, no es algo de una sola vez sino frecuente. Preste atención si el menor se queja de que alguien alteró su perfil.
- Recuerde que el acoso no es solo sexual, puede ser físico, material, racional, étnico, de género o religión. Su hijo es víctima si publican información real o falsa de él, si le roban las contraseñas, si le envían amenazas o se burlan de él, o incluso si hacen memes o montajes de él.
- El menor es humillado frente a otros niños, en grupos o públicamente en las redes sociales.
- Si encuentra páginas falsas con su nombre donde lo calumnian.
- Pregúntele al menor si sabe qué es el ciberacoso y escuche lo que significa para él.

- Pregúntele si alguien lo molesta en la escuela o por internet.
- Pregúntele qué material comparte con otros y si eso lo hace sentir seguro o no.
- Si identifica que su hijo es víctima de acoso apóyelo. Apaguen los medios donde lo están atacando y tomen cartas en el asunto. Es necesario hablar con los maestros o con los padres del niño que está atacándolo de inmediato. Hable con ellos y demuéstreles que están cometiendo un delito.
- Bloqueen a la persona que lo está acosando, pero antes guarde una copia de los comentarios para utilizarlos como evidencia.
- Enséñele al menor a hablarlo con un adulto de confianza como usted o un profesor.
- Denuncie la situación ante las instancias correspondientes: la escuela, la red social o bien la policía.

Enséñele al niño a no compartir sus fotos privadas con nadie ni a tomarlas, ya que incluso podrían quitarle el celular y robarse las fotografías. Instrúyalo a no ceder a las amenazas, a nunca darle al que lo amenaza lo que le solicita como más imágenes, sus contraseñas o información confidencial, y a pedir ayuda de inmediato. En los juegos en línea cambie las imágenes de perfil o los nombres de usuario contantemente, sobre todo cuando tenga dudas de otro jugador. Nunca use la foto del menor o de algún familiar, utilice imágenes de animales, paisajes y otras que no se asocien a ustedes como familia.

Recuerde que cuando los niños están metidos todo el día en el celular, esto les provocará que su vida comience a presentar síntomas de aislamiento, compulsividad y adicciones, por lo cual podrían ser más propensos a algún tipo de acoso.

Cuando descubra a un acosador, hable con él y guarde los comentarios, recopile la información y presente una denuncia formal. Usted pudo llegar a tiempo a rescatar a su hijo, pero quizá otros padres no, así que ayude a los demás también. Hay momentos en los que puede seguirle la corriente al acosador para intentar conocerse y llevar a la policía al encuentro. Pero en otros casos es mejor acudir de inmediato a la policía porque no sabemos con quién nos estamos enfrentando.

Instrúyalo a no ceder a las amenazas, a nunca darle al que lo amenaza lo que le solicita como más imágenes, sus contraseñas o información confidencial, y a pedir ayuda de inmediato.

Identifique si su hijo está acosando a otros

Tampoco podemos permitir que nuestros hijos acosen a otros o tengan este tipo de comportamientos, por lo tanto, debemos enseñarles a no hacer en la red lo que no les dejamos hacer en casa. Es importante que les enseñemos a respetar a los demás, que no hagan lo que no les gustaría que les hagan, que no sean parte de los que se ríen o hacen bromas ni que respondan de la misma forma, sino que defiendan a otros niños y que se salgan de la conversación. Si su hijo está ofendiendo a otros, quítele el acceso a los medios digitales para que aprenda que no se debe acosar a nadie, ya que trae consecuencias graves.

Octavo reto

Reflexione por un momento. ¿Qué está pasando con la comunicación en su hogar? ¿Qué les estamos poniendo en sus manos cuando les damos el teléfono celular? Hable con el menor sobre los riesgos de la internet, explíquele lo que puede y lo que no debe hacer en la red y hagan juntos una lista de cosas que deben tener presentes. Configure la seguridad de la cuenta en la computadora o el teléfono que tenga el niño. Revise sus propias redes sociales: configure la privacidad de los contenidos personales y haga una limpieza y elimine las fotos donde salen los menores, en especial si aparecen con uniforme escolar. Además, vean la película *Wifi Ralph* (Rich Moore y Phil Johnston; Disney), la cual explica de muy buena forma el funcionamiento de la internet y sus peligros, en un lenguaje infantil bastante divertido.

—9—

¡PREGUNTAS INCÓMODAS, RESPUESTAS REALES!

¡QUÉ ETAPA TAN linda es cuando tu hijo o hija comienza a hablar! Cuando dice su primera palabra y cuando arma su primer enunciado. Y qué divertido es cuando lanza su primera pregunta incómoda. Sé que como padre tiene cientos de historias incómodas sobre momentos vividos con sus hijos al enfrentar preguntas que no esperaba. Si aún no le ha pasado, ¡prepárese! porque van a llegar. En este capítulo quisiera que se disponga a relajarse, divertirse, sacar su lado creativo, espontáneo y real. Vamos a ver temas importantes que debemos conversar a través de preguntas básicas que nos hacen sentir incómodos. Recuerde que las respuestas simples y reales son siempre la respuesta correcta.

Comencemos por recordar que somos creación de Dios. Siempre que paso por alguna situación personal, donde mis sentimientos se ven comprometidos, recuerdo que así me creó Dios; Él puso en cada uno de nosotros un carácter especial y distinto, cargado de buenas y no tan buenas reacciones. Y como creación suya decidió hacernos seres sexuales y nos dio diferentes propósitos, entre ellos reproducirnos y disfrutar del amor y las relaciones; así que saquemos de nuestra mente que este tema es un tabú o que no es algo para conversar abiertamente. Me divierte cuando voy a la farmacia a comprar pastillas, cremas y demás tratamientos genitales, es como si el dependiente tuviera vergüenza o creyera que yo la tengo; me habla suavecito y me explica casi en secreto como utilizar el medicamento. Vivimos en una sociedad cargada de comunicación sexual, pero que no es capaz de conversar cara a cara sobre el tema.

SIEMPRE HAGA LA PREGUNTA: "¿POR QUÉ ME PREGUNTAS ESO?"

Como el tiempo es corto y estamos acostumbrados a resolver rápido nos olvidamos de generar conversación, de indagar y entender el trasfondo de las cosas. Cuando un niño o una niña se acerque y le haga una consulta sobre sexo, sienta la libertad y cercanía para hacerle las preguntas: "¿Qué piensas de eso?", "¿Por qué me lo preguntas?", "¿Qué crees que significa?". Esto no lo haremos con el fin de evadir la respuesta, sino más bien para ampliar nuestro panorama. Esto nos permitirá tener una conversación con los pequeños además de ayudarnos a entender la razón por la cual nació la duda. Tenga presente uno de los pasos básicos generales para todas las consultas: siempre felicite al niño por haber hecho esa pregunta y dígale que es una pregunta muy inteligente.

Cuando conversamos entendemos y podemos dar la respuesta que busca el niño. Muchas veces son dudas sencillas y no es necesario darles más información de la solicitada, ya que será la apta para su edad. Estimule siempre a los niños a que expliquen lo que ellos consideran; se sorprenderá de sus respuestas.

Escuché en una ocasión a un niño de cinco años consultar a su papá:

—Papi, ¿qué es el sexo?

El padre de inmediato asombrado le dijo:

—¿Dónde lo escuchaste?

A lo que el niño respondió:

—Es que en la hoja decía: "¿Cuál sexo es usted?".

Podremos entender sus preguntas cuando ahondemos en el trasfondo. ¿Se imagina que habría pasado si ese padre no le hubiera consultado al menor? Seguramente aún estaría intentando describir lo que es el coito y demás detalles.

¡LAS PREGUNTAS MÁS COMUNES Y SUS RESPUESTAS MÁS SIMPLES Y REALES!

Después de analizar, buscar y estudiar las principales consultas que hacen los niños desde que nacen hasta sus doce años, realicé esta pequeña guía (digo pequeña porque el mundo de ser padre o madre es mucho más grande y complejo) con el fin de que podamos tener una dirección más clara a la hora de conversar con los pequeños de la casa sobre la importancia de la sexualidad. La idea con esto es permitirle abrir el panorama a la creatividad, ya que verá que lo simple y real genera mejores resultados. Recuerde que el mundo del lenguaje, ejemplos, ideas y expresiones es enorme, así que utilice siempre modelos que hayan sido parte de su historia, de modo que el niño logre decodificar el mensaje con facilidad.

Comencemos por: ¿De dónde nací yo?

Pregunta: ¿Cómo se hacen los bebés?

Respuesta: Cuando los papás, deciden tener un bebé es una decisión muy importante, y se hace cuando ambos son adultos. Los papás en privado pasan momentos muy felices, donde se dan besos, abrazos y caricias. Papá coloca el pene en la vagina de mamá, un líquido especial llamado esperma viaja por el pene e ingresa a la vagina de mamá donde busca otro ser especial llamado óvulo. Luego esperan a que el vientre de mamá comience a crecer con los días, para que se vaya formando el bebé en su vientre (puede apoyarse con las imágenes de un libro).

Pregunta: ¿Me puedes enseñar a hacer un bebé?

Respuesta: Solo los adultos podemos hacer bebés, así que por ahora es muy importante que cuides de tu cuerpo, que te alimentes muy bien y hagas ejercicio para que cuando seas adulto, conozcas una persona especial, se casen y entonces puedan tener un bebé.

Pregunta: ¿Por qué los niños no podemos tener un bebé?

Respuesta: Porque tu cuerpo aún no está listo para tener un bebé. Existe una parte en el cuerpo de la mujer adulta que se llama útero, y es donde crecerá el bebé, pero necesitas ser adulto.

Preguntas: ¿Puedo tener un bebé?

Respuesta: Sí, podrás tenerlo cuando seas un adulto. Ahorita a esta edad no puedes. Tu cuerpo no está listo.

Pregunta: ¿A qué edad puedo ser mamá?

Respuesta: Cuando seas adulta, lo correcto es que conozcas a una persona que sea muy especial, y decidan casarse. Entonces juntos podrán decidir el momento adecuado para tener un bebé.

Pregunta: Ya me vino la menstruación ¿Puedo tener un bebé?

Respuesta: Sí, ya puedes tener un bebé; sin embargo, aún no estás completamente lista ya que eres muy pequeña y cargar un bebé es una tarea muy difícil. Criar un hijo requiere dinero, trabajo, y mucha dedicación. Ahora lo mejor es que puedas estudiar para que tengas tus hijos cuando te cases y tengas ya tu profesión.

Pregunta: ¿Los niños a qué edad pueden ser padres?

Respuesta: Cuando comienzan a producir esperma, ya pueden ser papás, pero a esa edad lo mejor es estudiar para que cuando tengan su profesión puedan casarse y tener los hijos que deseen y criarlos muy bien.

Preguntas: ¿Mami se comió al bebé?

Respuesta: No, los bebés crecen en el vientre de mamá, ahí es donde mamá les da comida y los protege para que cuando nazcan estén fuertes.

Pregunta: ¿Cómo nacen los bebés?

Respuesta: Después de que mamá y papá decidan tener al bebé, el vientre de mamá comenzará a crecer hasta que pasen nueve meses y sea el momento de que el bebé salga. Entonces mamá tendrá al bebé en el hospital, el cual saldrá por su vagina, o bien, a mamá le harán un trabajo especial los doctores y sacarán al bebe por su vientre.

Pregunta: ¿Cómo sale el bebé del vientre?

Respuesta: Cuando el bebé esté listo para salir, mamá sentirá que es el momento, entonces papá irá con ella al hospital para que pueda nacer el bebé a través de su vagina o de su vientre. Los doctores le ayudarán y así podrás conocer a tu nuevo hermanito para que estemos todos juntos.

Pregunta: ¿Puedo ver por dónde saldrá el bebé?

Respuesta: El bebé saldrá por mi vagina, es una parte privada que prefiero no enseñarte, está entre mis piernas. Pero si quieres podemos hacer un dibujo para explicarte mejor.

Pregunta: ¿Si el bebé no sale mamá explota?

Respuesta: La mamá no explotará, porque cuando sea el momento de que el bebé salga los doctores la ayudarán.

Pregunta: ¿Cómo crece el bebé en el vientre?

Respuesta: Cuando el bebé está en el vientre de mamá, todo lo que mamá come alimenta al bebé por medio de un cordón llamado cordón umbilical. Vas a ir notando que el vientre de mamá irá creciendo con los meses, y es porque el bebé está formando sus brazos, piernas, cabeza, ojos y demás.

Pregunta: ¿Cómo nací yo?

Respuesta: Fuiste creciendo en el vientre de mamá hasta que pasaron nueve meses y estabas listo para nacer; entonces fuimos al hospital y los doctores ayudaron a mamá a que pudieras nacer.

Pregunta: ¿Así nacen todos los bebés?

Respuesta: Sí, los bebés nacen del vientre de su mamá. Al igual que muchos animales como los perros, los gatos y los elefantes que nacen del vientre de su mamá.

Pregunta: ¿Puede papá tener un bebé?

Respuesta: No, solo las mujeres pueden tener bebés, ya que es necesario tener útero que es la bolsita especial donde el bebé crece.

Pregunta: ¿Cómo era yo cuando estaba en el vientre de mamá?

Respuesta: Que buena pregunta. ¿Cómo lo imaginas? Cuando los bebés están en el vientre de sus mamás van formándose poco a poco. Así que si quieres podemos ver fotos de cómo eras (ver ultrasonidos, fotos de embarazo, ecografías, etc.). También eras muy inquieto, te gustaba moverte mucho y yo te sentía dentro de mí, desde ahí te amaba muchísimo.

Y LLEGAN LAS PREGUNTAN SOBRE SEXO Y SEXUALIDAD

Pregunta: ¿Qué es sexo?

Respuesta: Es un acto muy íntimo e importante en la vida de los adultos casados. Es cuando dos adultos se quieren mucho y deciden besarse, abrazarse, darse caricias y colocar el pene del hombre en la vagina de la mujer; esto se hace con mucho amor y con mucho respeto cuando ambos quieren hacerlo.

Pregunta: ¿Cuándo me abrazas y besas tenemos sexo?

Respuesta: No, los besos y abrazos que te doy son diferentes, ya que son entre madre/padre e hijo/hija. El sexo se da entre dos adultos casados.

Pregunta: ¿Puedo tener sexo yo también?

Respuesta: No, el sexo es para los adultos casados. Lo correcto es que cuando seas grande, busques una persona especial para casarte, y puedan tener sexo con amor y respeto.

Pregunta: ¿Qué es sexo seguro?

Respuesta: Cuando los adultos deciden tener sexo existe la posibilidad que la mujer quede embarazada o contagiarse de alguna enfermedad, entonces los adultos utilizan medicinas para evitarlo.

Pregunta: ¿Qué es tener relaciones?

Respuesta: ¿Qué crees que son? Verifique que su pregunta vaya en el sentido sexual e indique la misma respuesta de: ¿Qué es sexo?

Pregunta: ¿Es pecado tener sexo? Lo dijeron en la iglesia

Respuesta: Tener sexo no es pecado, Dios creó el sexo para que el hombre y la mujer adultos lo disfrutaran. Pero Dios pide a cambio que seamos adultos y estemos casados. Es como cuando te pido que ordenes tu cuarto a cambio de un dulce. Comerte el dulce no es pecado, pero debes cumplir con lo que te pido.

Pregunta: ¿Qué es sexualidad?

Respuesta: La sexualidad es nuestro cuerpo, nuestra mente y nuestro corazón. Es lo que sentimos y pensamos. Por ejemplo, te gusta mucho que te abrace, eso es parte de tu sexualidad. Es todo lo que te gusta hacer y lo que sientes; tu sexualidad describe quién eres con tu carácter y emociones.

Pregunta: ¿Por qué mamá y papá se besan?

Respuesta: Cuando dos adultos se besan están expresando amor. Cuando me das un beso también me estás expresando amor.

Pregunta: ¿Qué están haciendo papá y mamá?

Respuesta: Los padres que se aman mucho como adultos les gusta expresarlo besándose, abrazándose y dándose caricias, y así disfrutan de su amor de manera privada. Como adultos nos gusta abrazarnos así para disfrutar juntos.

Pregunta: ¿Por qué mamá y papá se agredían? (cuando un niño ve a sus papás teniendo relaciones sexuales)

Respuesta: Nosotros no nos estábamos agrediendo, estábamos divirtiéndonos cuando entraste al cuarto, nos gusta reírnos así y abrazarnos de ese modo. No debes estar asustado ni triste por nada, nosotros nos amamos mucho y nunca nos vamos a agredir.

Pregunta: ¿Qué están haciendo esos que salieron en la TV/ internet?

Respuesta: Esas películas o imágenes no son para tu edad, lo mejor es que no las veas. Ellos estaban teniendo relaciones sexuales, lo cual es exclusivo para adultos casados y debe ser algo privado.

Pregunta: ¿Puedo tener novio/novia?

Respuesta: Claro que puedes tener novia, pero lo mejor es que la tengas cuando seas más grande. Porque a los novios les gusta salir juntos a pasear, a comer un helado e ir al cine solos, y estás muy pequeño para salir solo. Lo mejor ahorita es que tengas muchos amigos con los que puedas jugar y divertirte, así cuando estés más grande podrás decidir cómo te gustaría que sea tu novio/novia.

Pregunta: ¿Puede papá/mamá ser mi novio/novia?

Respuesta: No, tu mamá es tu mamá. Y es la esposa de papá. Cuando estés más grande podrás conseguir una novia muy especial y ser un gran novio.

Pregunta: ¿Qué son los novios?

Respuesta: Los novios son un hombre y una mujer que deciden que se quieren y se gustan mucho, entonces comienzan a ir a comer juntos, ven películas en el cine juntos y son muy felices cuando pasan tiempo juntos.

Pregunta: ¿Por qué mi pene es más pequeño que el de papá? ¿Por qué mis pechos son más pequeños que los de mamá?

Respuesta: Porque apenas eres un niño, y es normal que tu cuerpo sea de ese tamaño, mira tus manos con las mías, son más pequeñas. También nuestras piernas son distintas; cuando vayas creciendo todo tu cuerpo irá creciendo, no debes preocuparte de nada.

Pregunta: ¿Cómo lavo mis zonas íntimas?

Respuesta: Lo correcto es que con mucha agua te laves tus genitales para evitar que se haga algún mal olor o infección. Cuando te bañas todos los días estás ayudando a una correcta higiene genital.

Pregunta: ¿Qué es virginidad?

Respuesta: La virginidad es cuando un hombre y una mujer nunca han tenido relaciones sexuales. Entonces se les llama vírgenes, es algo muy bonito, de lo cual no hay que sentir vergüenza, sino más bien estar orgulloso. Dejarás de ser virgen cuando encuentres a una persona que ames mucho y que también te ame mucho, y si haces las cosas correctamente te casarás con esa persona para luego tener relaciones sexuales.

Pregunta: ¿Qué es un orgasmo?

Respuesta: (Pregúntele al menor donde lo escuchó) ¡Gracias por tener la confianza en mí para preguntarme! Un orgasmo es un momento de mucho placer y felicidad que se da cuando los adultos están teniendo sexo.

Pregunta: ¿La primera vez duele?

Respuesta: Cuando dos adultos responsables deciden tener relaciones sexuales no tiene por que ser doloroso, ambos tomarán su tiempo para besarse, darse caricias y abrazos que les permita ir despacio. Si hay algo que no desean no deben hacerlo.

Pregunta: ¿Qué es masturbación?

Respuesta: La masturbación es cuando una persona sea hombre o mujer, está sola y decide acariciar sus genitales para sentir placer. Esto es malo ya que genera egoísmo en la persona, porque el placer debería ser con otra persona, no a solas.

SOMOS DIFERENTES LOS HOMBRES Y LAS MUJERES

Pregunta: ¿Por qué soy diferente a mi hermana/hermano?

Respuesta: Porque él es un hombre y tú eres una mujer, los cuerpos de ambos son diferentes. Las niñas tienen una vagina y los niños, un pene.

Pregunta: ¿Por qué soy mujer/hombre?

Respuesta: Eres una mujer/hombre porque así te creó Dios. Dios quería que nacieras así de especial y con ese cuerpo.

Pregunta: ¿Qué es el pene?

Respuesta: Es una parte del cuerpo del hombre que no tiene la mujer. Funciona para orinar y otras cosas.

Pregunta: ¿Qué es la vagina?

Respuesta: La vagina es una parte del cuerpo de la mujer que está entre las piernas. Es por ahí por donde salen los bebés cuando nacen. Los hombres no tienen vagina.

Pregunta: ¿Por qué las niñas no tienen pene?

Respuesta: Porque las niñas tienen vagina y los hombres, pene. Somos creados diferentes, así es más bonito que todos seamos diferentes y nos podamos complementar.

Pregunta: ¿Qué se hizo mi pene?

Respuesta: Las niñas no tienen pene, tú naciste como mujer y por eso tienes una vagina. Cuando seas grande podrás tener bebés en tu vientre si tú lo quieres.

Pregunta: ¿Por qué tengo erecciones?

Respuesta: Es normal que tu cuerpo sienta y reaccione a diferentes situaciones, entonces cuando estés expuesto a algo que te gusta mucho tu cuerpo reaccionará con una erección de tu pene.

Pregunta: ¿Por qué mamá tiene sangre? ¿Qué es la menstruación?

Respuesta: Porque las mujeres crean tejidos especiales para poder tener al bebé en su vientre, cuando no están embarazadas ese tejido sale del cuerpo con la sangre, pero no es nada malo, sino más bien es algo muy natural que tienen todas las mujeres. Entonces esa sangre que no está siendo usada sale y se le llama menstruación.

Pregunta: ¿Los hombres tienen menstruación?

Respuesta: No, los hombres no tienen la menstruación, únicamente las mujeres.

Pregunta: ¿Por qué yo orino sentada/de pie?

Respuesta: Los cuerpos de los niños y las niñas son muy diferentes, las niñas orinan por un huequito muy cerca de la vagina, por lo cual es más simple que se sienten. Pero los hombres lo hacen por medio de su pene, por lo cual es más cómodo para ellos hacerlo de pie.

Pregunta: ¿Por qué tienes cabello en la cara?

Respuesta: Cuando los hombres son adultos comienzan a salirles cabellos en la cara, como el bigote y la barba. Es normal, a muchos les gusta y otros se los cortan, como tú te cortas el cabello.

Pregunta: ¿Por qué mi cuerpo es así? ¡No me gusta!

Respuesta: Dios te creó así de hermoso, eres precioso como eres. Con los años vas a ir creciendo y cambiando, mira a papá, mira a abuela, todos vamos cambiando con los años. Lo importante es que sepas que Dios te ama como eres y así de perfecto te hizo.

Las preguntas sobre diversidad

Pregunta: ¿Qué es género?

Respuesta: Tu género es si eres hombre o mujer. Tú, por ejemplo, eres un niño/niña, así te creó Dios perfecto para que puedas alcanzar todos tus sueños siendo una gran mujer/hombre.

Pregunta: ¿Por qué a algunos hombres le gustan los hombres? ¿Por qué a algunas mujeres les gustan las mujeres? ¿Se gustan las personas del mismo sexo?

Respuesta: Cuando las personas son adultas muchas veces desean hacer cosas diferentes a lo que Dios les dice. Entonces, aunque sean hombres deciden que les gustan los hombres. Lo natural que Dios creó es que a los hombres les gusten las mujeres, y a las mujeres los hombres.

Pregunta: ¿Qué es ser gay?

Respuesta: Los gays son personas que les gustan los de su mismo sexo. Por ejemplo, cuando a una mujer le gusta una mujer. Esto no va con lo que hemos aprendido en la iglesia, ya que como sabes a los hombres les gustan las mujeres y a las mujeres les gustan los hombres. Sin embargo, todos tenemos que respetarnos y no tratar mal a nadie por ser gay.

Pregunta: ¿Yo soy gay?

Respuesta: No, tú no eres gay. No debes creer las cosas que te digan, debes escuchar tu corazón y obedecer lo que Dios te ha dicho. Tú eres un niño/niña muy especial que vas a encontrar a una persona a quien vas a amar mucho cuando estés grande. Por ahora no debes preocuparte de eso.

Pregunta: ¿Por qué Valentina tiene dos mamás? ¿Por qué Valentina tiene dos papás?

Respuesta: Existen familias muy diferentes, por ejemplo, hay familias que solo tienen una mamá y no tienen un papá. Lo importante es que sepas que Dios quiere familias felices, familias que se cuiden y es ideal cuando existe una mamá y un papá. Puedes orar por Valentina, para pedirle a Dios que siempre sea muy feliz.

Las preguntas sobre discapacidad

Pregunta: ¿Por qué soy diferente a los demás? ¿Por qué nací así? ¿Por qué yo?

Respuesta: Así como naciste eres perfecto, naciste así porque así Dios lo quiso. No es nada malo, simplemente eres diferente a los demás. Con el tiempo vas a ir creciendo y serás igual o mejor que los demás. Eres muy capaz de lograr todo lo que quieras.

Pregunta: ¿Me puede pasar a mí eso?

Respuesta: (esto dependerá de la discapacidad que el niño observe). No debes preocuparte por esa situación, pero sí debes cuidarte mucho y mantenerte seguro, para que no te vayas a lesionar. Por ejemplo, cuando vamos en el auto es importante que uses la silla o el cinturón como te he enseñado, para que no te ocurra nada.

Pregunta: ¿Por qué ese niño es diferente a nosotros?

Respuesta: Es distinto porque tiene una diferencia en su cuerpo, le cuesta caminar y por eso anda en esa silla especial. Por eso debes ayudarle si te lo solicita. Nunca debes rechazar ni reírte de una persona con una diferencia física, debes respetar a todos por igual.

Y aparecen otras preguntas

Pregunta: ¿Qué son los celos?

Respuesta: Es cuando una persona siente que otra persona tiene otros amigos y ya no le da importancia como antes. Los celos no son buenos, debes tener confianza en ti mismo y saber que las personas están contigo porque te quieren.

Pregunta: ¿Qué es un condón?

Respuesta: Es una fundita que se coloca en el pene del hombre para tener relaciones sexuales. Con esto previene enfermedades y embarazos.

Pregunta: ¿Por qué papá y mamá no viven juntos?

Respuesta: Porque hay papás que viven aparte porque son muy diferentes en su forma de ser. Sueñan cosas diferentes y les gusta hacer cosas diferentes, ir a pasear a otros lugares, comer otras cosas y demás, entonces prefieren vivir separados para que cada uno haga lo que más disfruta sin tener que discutir.

Pregunta: ¿Qué es el divorcio?

Respuesta: El divorcio es cuando dos adultos estaban casados, vivían juntos y un día decidieron que ya no querían estar casados. Entonces firman un papel ante un abogado y se van a vivir a casas diferentes.

Pregunta: ¿Qué es la pornografía?

Respuesta: La pornografía son fotos y videos que algunos adultos miran en televisión o internet que muestra a personas desnudas. Son fotos que deberían ser solo privadas. No te recomiendo nunca verlo porque estarías llenando tu mente de ideas que no son correctas. Además, debes cuidar mucho lo que ves, lo que hablas, lo que escuchas, porque eres templo de Dios y debes agradarle.

Pregunta: ¿Por qué no puedo decir malas palabras?

Respuesta: Eres una hija/hijo de Dios y debes cuidar las palabras que salen de tu boca. Las malas palabras por lo general lastiman a otras personas y las hacen sentir mal. Debes decir las cosas con educación para que los demás no estén tristes y escuchen lo que tienes que decirles. Además, en nuestra casa no decimos malas palabras.

Pregunta: ¿Por qué ya no me puedo bañar contigo?

Respuesta: Ya estás creciendo y es bueno que vayas teniendo tu privacidad a la hora de bañarte, lo más importante es que comiences a conocerte y entender que tu cuerpo es solo tuyo y nadie debe estar viéndolo desnudo.

Pregunta: ¿Es verdad que si me toco mucho el pene se me cae?

Respuesta: No, no es verdad que se te va a caer. Pero debes dejar de tocarte tan frecuentemente, ya que es una parte íntima y privada de tu cuerpo.

Pregunta: ¿Por qué no puedo andar desnudo?

Respuesta: Tu cuerpo es solo tuyo, debes cuidarlo y esforzarte para que esté bien. No es recomendable que andes desnudo, ya que es privado. Lo mejor es que utilices siempre tu ropa y te cambies de ropa dentro de tu habitación.

Pregunta: ¿Qué es un apodo? ¿Puedo decir uno? ¿Qué hago si me dicen uno?

Respuesta: Un apodo es cuando te dicen un nombre que no tienes, puede ser otro nombre o bien una característica que no te gusta. Por ejemplo, ¿recuerdas cuando a Pablo le decían Machillo? Lo mejor es que les digas a las personas sus nombres para que no los hagas sentir mal, sino para que vean que los respetas y aprecias. Si algún niño o alguna niña te dice un apodo puedes decirle con mucho respeto que no te gusta que lo diga y que le solicitas que no lo haga más; si continúa puedes decírmelo a mí o a tu maestra para que hable con el otro niño.

Noveno reto

Adéntrese en el mundo de las consultas sin miedo, salgan por un helado y conversen. Planifique una salida a solas con su hijo, al menos una vez por semana, donde puedan conversar y generar vínculos.

> Mira que te mando que te esfuerces y seas valiente; no temas ni desmayes, porque Jehová tu Dios estará contigo en dondequiera que vayas.
>
> —Josué 1:9

ENTRENAMIENTO CONSTANTE

Con los niños nunca se deja de aprender y nunca debemos dejar de informarnos. Sabemos que después de una respuesta siempre viene el famoso: "¿Por qué?"; y así se puede extender el tema hasta donde el niño lo desee. ¿Recuerda cuando era niño? Todos los días necesitábamos aprender algo nuevo, así que la paciencia y la verdad deben estar día a día en usted.

No permita que a sus hijos los eduquen en "la calle". Ármese de valor, de conocimiento y de herramientas para ser usted ese canal de confianza que le permita al niño o la niña crecer siendo un hombre o una mujer de principios y valores. Siempre brinde respuestas satisfactorias, no responda para cubrir una pregunta, ni trate de esconder o cambiar el tema, esto podría alejar a sus hijos de usted. No permita que sus hijos se den cuenta de que tiene "pena" de algún tema en específico. Aléjese de los prejuicios y pida a Dios mucha sabiduría y discernimiento para ser un ejemplo a sus hijos.

Muchas cosas han cambiado de generación a generación, así que convierta este tema en algo natural, sano y de información en casa. Sea usted propiciador del diálogo, recuerde que este tema es tan importante como la comida, el aseo personal y la fe cristiana.

Tranquilo, está a tiempo de comenzar. Lo más importante es no tratar de hablarlo todo de una sola vez, porque eso solo provocará que el niño se confunda o no haya comprendido nada; recuerde ir acorde a su edad. Las dudas irán surgiendo.

Recuerde que usted es el especialista para su pequeño, usted es su modelo.

¡Ore siempre que pueda, cada día, cada mañana, cada noche, por el corazón y la vida de sus hijos! La oración de los padres tiene un poder especial. Sus hijos tienen la bendición especial de tenerlo a usted en su vida. Dios le ha puesto una gran tarea delante, porque está seguro de la gran capacidad que usted tiene para cumplirla. ¡Adelante!

> Sobre toda cosa guardada, guarda tu corazón; Porque de él mana la vida.
>
> —Proverbios 4:23

NOTAS

Capítulo 1

1. Nota del editor: Es importante señalar que aquí se habla de sexualidad y no de sexo. Más adelante en el libro se explica está diferencia a mayor detalle.

2. "Reflejo de succión", 14 octubre 2013, Wikipedia, consultado en enero 2019, https://es.wikipedia.org/wiki/Reflejo_de_succión

3. "Comunicación no verbal", 6 octubre 2015, Wikipedia, consultado en enero 2019, https://es.wikipedia.org/wiki/Comunicación_no_verbal

4. Mariana Plata, "4 mitos sobre la educación sexual", 8 febrero 2018, MarianaPlata, consultado en enero 2019, https://www.marianaplata.com/blog/2018/2/7/edsexual

5. Karl Menninger, A Guide to Psychiatric Books in English (New York, NY: Grune & Stratton, 1972).

6. "Definiciones de sexo y sexualidad", PlannedParenthood, consultado en abril 2019, https://www.plannedparenthood.org/planned-parenthood-massachusetts/local-training-education/educacion-para-padres/informacion-acerca-de-la-pubertad-y-entendimiento-de-la-sexualidad/definiciones-de-sexo-y-sexualidad

7. "Mahatma Gandhi", 8 marzo 2019, Wikipedia, consultado en abril 2019, https://es.wikipedia.org/wiki/Mahatma_Gandhi

8. Maia Szalavitz, "Un programa antidrogas para jóvenes que parece que si funciona", 7 octubre 2016, NYTimes, consultado en abril 2019, https://www.nytimes.com/es/2016/10/07/un-programa-antidrogas-para-jovenes-que-parece-que-si-funciona/

9. Gloria Cabezuelo y Pedro Frontera, "El desarrollo psicomotor desde la infancia hasta la adolescencia", 2012, Academia, consultado en abril 2019, https://www.academia.edu/24270219/El_desarrollo_psicomotor_desde_la_infancia_hasta_la_adolescencia

10. John Dewey, Democracia y Educación: Una Introducción a la Filosofía de la Educación (Madrid: Morata, 1996).

Capítulo 2

1. Benjamín Franklin, *Autobiografía de un hombre feliz* (Taller del Éxito, 2014). Benjamín Franklin escribió su autobiografía desde 1771 hasta 1790.

2. Frase de Frederick Douglass, escritor, editor y orador abolicionista estadounidense (1818-1895). https://apartirdeunafrase.wordpress.com. Consultado en línea el 19 de junio de 2019.

3. María Montessori, *El método Montessori* (1924).

4. "Cormac McCarthy", 11 abril 2019, Wikipedia, consultado en abril 2019, https://es.wikipedia.org/wiki/Cormac_McCarthy

5. Sandra San Juan Sanz, "El círculo de oro: la clave para inspirar y fidelizar a los clientes", SandraSanJuanSanz, consultado en enero 2019, http://www.sandrasanjuansanz.com/el-circulo-de-oro-la-clave-para-inspirar-a-tus-clientes/

6. Maia Szalavitz, "Un programa antidrogas para jóvenes que parece que sí funciona", 7 de octubre de 2016, NYTimes, consultado en abril de 2019, https://www.nytimes.com/es/2016/10/07/un-programa-antidrogas-para-jovenes-que-parece-que-si-funciona/

7. "Aprender para siempre", 7 de septiembre 2017, El blog del IMECAF, consultado en mayo de 2019, https://imecaf.com/blog/tag/mahatma-gandhi/

8. Jean-Jacques Rousseau (1712-1778), filósofo, escritor y compositor suizo. Frase tomada de "Discurso sobre las Artes y las Ciencias", publicado originalmente en francés en 1750 en la revista *Le Mercure de France.*

9. Zenaida Bacardí de Argamasilla, "Ramillete de estrellas", AutoresCatólicos, consultado en enero 2019, http://www.autorescatolicos.org/miscl2/zenaidaramilleteindex.htm

10. Ken Robinson, "Las escuelas matan la creatividad", 2016, SinDeberes, consultado en enero 2019, http://www.sindeberes.com/sir-ken-robinson-escuchar-a-un-maestro/

11. "Plutarco", 3 marzo 2017, Wikipedia, consultado en enero 2019, https://es.wikipedia.org/wiki/Plutarco

12. "Pitágoras", 31 marzo 2011, Wikipedia, consultado en enero 2019, https://es.wikiquote.org/wiki/Pitágoras

CAPÍTULO 3

1. San Francisco de Asís, "Oración de la serenidad de San Francisco de Asís", RincondelaFe, consultado en enero 2019, https://www.rincondelafe.com/oracion-de-la-serenidad-de-san-francisco-de-asis.html

2. "Ideología de género y fundamentos matrimoniales", consultado en enero 2019, http://www.aeesp.net/wp-content/uploads/2018/03/Ideolog%C3%ADa-de-Género-y-Fundamentos-Matrimonio.-2ª-ed.pdf

3. *Ibíd.*

4. *Ibíd.*

5. Nicolás Márquez, "El libro negro de la nueva izquierda: ideología de género o subversión cultural", consultado en enero 2019

6. "II Encuesta nacional de salud sexual y salud reproductiva", 2015, UCR, consultado en enero 2019, https://ccp.ucr.ac.cr/documentos/portal/Informe-2daEncuesta-2015.pdf

CAPÍTULO 4

1. "Frases de Haniel Long", 1888-1956, FrasesGO, consultado en enero 2019 https://www.frasesgo.com/autores/frases-de-haniel_long.html

2. "La personalidad, ¿se hereda o se aprende?", SerPadres, consultado en enero 2019 https://www.serpadres.es/embarazo/tu-bebe/articulo/la-personalidad-del-nino-se-hereda-o-se-aprende

3. "Teresa de Calcuta", abril 2018, Wikiquote, consultado en enero 2019 https://es.wikiquote.org/wiki/Teresa_de_Calcuta

4. "Gabriela Mistral", 30 mayo 2014, Wikiquote, consultado en enero 2019 https://es.wikiquote.org/wiki/Gabriela_Mistral

5. "La personalidad, ¿se hereda o se aprende?", SerPadres, consultado en enero 2019 https://www.serpadres.es/embarazo/tu-bebe/articulo/la-personalidad-del-nino-se-hereda-o-se-aprende

6. "Alain Fournier", 6 setiembre 2018, Wikipedia, consultado en enero 2019 https://es.wikipedia.org/wiki/Alain-Fournier

Capítulo 5

1. "Inmovilidad tónica, la reacción cerebral que explica por qué muchas personas se quedan paralizadas en una situación traumática", 2 mayo 2018, BBC MUNDO, consultado en enero 2019 https://www.bbc.com/mundo/noticias-43962929

2. "Abuso sexual infantil", RAINN, consultado en enero 2019 https://www.rainn.org/articles/abuso-sexual-infantil

3. "El mito de que los abusadores se vuelven abusadores", 2019, Defendinnocence, consultado en enero 2019 https://defendinnocence.org/el-mito-de-que-los-abusados-se-vuelven-abusadores/

4. "Tomar conciencia sobre el abuso sexual, hechos y estadísticas", NSOPW, consultado en enero 2019 https://www.nsopw.gov/es/education/factsstatistics/?AspxAutoDetectCookieSupport=1

5. *Ibíd.*

6. *Ibíd.*

7. *Ibíd.*

8. Virginia Berlinerblau, Mariano Nino y Sabrina Viola, "Guía de buenas prácticas", septiembre 2013, UNICEF, consultado en enero 2019, http://files.unicef.org/argentina/spanish/proteccion_Guia_buenas_practicas_web.pdf

Capítulo 6

1. "Complejo de Edipo", abril 2019, Wikipedia, consultado en abril 2019, https://es.wikipedia.org/wiki/Complejo_de_Edipo

2. "Complejo de Electra", 4 marzo 2019, Wikipedia, consultado en marzo 2019, https://es.wikipedia.org/wiki/Complejo_de_Electra

3. "El valor de la familia", AldeaSOS, consultado en abril 2019, https://www.aldeassos.org.sv/el-valor-de-la-familia

4. Paulo Coelho, *El manuscrito encontrado en Accra* (Nueva York, NY: Vintage Español, 2013).

5. "Como hablarle sobre sexo a tu niño", 2017, BabyCenter, consultado en marzo 2019, https://espanol.babycenter.com/a10900184/cómo-hablarle-sobre-sexo-a-tu-niño#ixzz5WbANDsDV

Capítulo 7

1. "Johann Wolfgang von Goethe", 2019, Wikipedia, consultado en abril 2019, https://es.wikipedia.org/wiki/Johann_Wolfgang_von_Goethe

2. "Igualdad", DLE, 23ª edición, Real Academia Española, consultado el 20 de mayo de 2019, https://dle.rae.es/?id=Kwjexzi

3. "Does the Bible really teach gender equality? Why has gender inequality been the norm?" [¿En realidad la Biblia enseña la igualdad de género? ¿Por qué la desigualdad de género ha sido la norma?], Compelling Truth, consultado el 20 de mayo de 2019, https://www.compellingtruth.org/gender-equality-inequality.html

4. "Infants prefer toys typed to their gender, says study" [Los infantes prefieren juguetes dirigidos a su género, dice estudio], City University of London, publicado el 20 de julio de 2016, consultado el 20 de mayo de 2019, https://www.city.ac.uk/news/2016/july/infants-prefer-toys-typed-to-their-gender,-says-study

5. "Como hablarle a los niños sobre las discapacidades", 2016, BabyCenter, consultado en marzo 2019, https://espanol.babycenter.com/a10900178/c%C3%B3mo-hablar-a-los-ni%C3%B1os-sobre-las-discapacidades#ixzz5WrStDdJG

Capítulo 8

1. "¿Se nos olvidará escribir a mano?", abril 2016, La Opinión de Murcia, consultado en abril 2016, https://www.laopiniondemurcia.es/sociedad/2016/04/21/olvidara-escribir-mano/730857.html

2. "1 de cada 3 usuarios de internet son niños", 2017, UNICEF, consultado en marzo 2019, https://www.unicef.es/prensa/1-de-cada-3-usuarios-de-internet-son-ninos

3. *Ibíd.*

BIBLIOGRAFÍA

1. American Academy of Pediatrics; Edward L. Schor, MD, FAAP, editor; *Caring for Your School-Age Child: Ages 5 to 12* [Cómo cuidar de su hijo en edad escolar: de los 5 a los 12 años] (Nueva York, NY: Bantam Books, 2004)

SOBRE LA AUTORA

Laura Pérez Porras nació en San José, Costa Rica en 1987. Desde los cinco años asistió a una iglesia evangélica y la educación siempre le ha llamado la atención, tanto así que desde los once años colaboraba como asistente de maestra de escuela dominical. Por más de quince años dio clases en iglesias a niños y fue pastora juvenil e infantil. Apasionada siempre por la comunicación, estudió Publicidad con énfasis en Comunicación y tiene una maestría en *Marketing* digital. Le apasionan los niños y su facilidad de aprendizaje. La comunicación es lo que más que le intriga, por eso combina su carrera con su vida ministerial. Lleva más de trece años en una emisora cristiana, LIFE FM 89.5 Sendas de Vida. "Creo que Dios nos está llamando a hacer cosas diferentes, a llevar un mensaje de comunicación en todas las áreas de nuestra vida y nuestros niños serán una punta de lanza clave en nuestra sociedad. Todo inicia con una correcta comunicación en nuestro hogar". Reside en Heredia, Costa Rica.

Para más información visite:

- laurapp@outlook.com
- Facebook: Manifiesta amor: https://www.facebook.com/manifiestaamor/
- Instagram: Manifiesta amor: www.instagram.com/manifiestaamor/